21 Días de Ayuno
A la manera de Dios

Israel Hernández

Israel Hernández

El texto Bíblico (marcado RVR1960) ha sido tomado de la versión Reina-Valera ©
1960 Sociedades Bíblicas en América Latina © renovado 1988 Sociedades Bíblicas
Unidas. Utilizado con permiso.

Scripture taken from Nueva Biblia Latinoamericana de Hoy, Copyright (c) 2005 by
The Lockman Foundation. Used by permission. (www.NBLH.org)

Reina Valera Bible 1909 Public Domain Esta versión fue realizada por las Sociedades
Bíblicas Unidas.

Photo Cover by Jeremy Yap on Unsplash

ISBN-10 0-9862265-5-6
ISBN-13:   978-0-9862265-5-7

DEDICACÍON

A mi Señor y Salvador, Jesús

A mí amada esposa y compañera en la fe

A mi hijo Nathanael

Introducción

Este libro es una guía de cómo ayunar por 21 días utilizando el ejemplo de Daniel. Antes de comenzar cualquier ayuno, busque dirección de Dios y no lo haga por emociones o invitación de otros. Es importante entender que el ayuno no es dieta. El propósito de este libro no es ayudarlo a bajar de peso (aunque probablemente lo hagas), sino de crecer espiritualmente y acercarse a Dios.

Hay diferentes clases de ayuno que puedes hacer. Sólo tú y Dios pueden escoger cual. Pero lo más importante es lo espiritual que el abstenerse de alimentos.

- No comer nada, solo tomar agua

- No comer nada, solo tomar jugos

- No comer o tomar nada (Jesús y Moisés)

- Comer solo frutas, vegetales y granos

Hay personas que ponen como escusas una condición física para no ayunar, pero siempre se pude ajustar el ayuno. Por otro lado si no nos cuesta nada no es un ayuno entonces. El ayuno es un sacrificio que hacemos para someter la carne y conectarnos con Dios. No es sólo el sacrificio que mueve a Dios sino nuestro corazón.

Antes de comenzar cualquier ayuno, pase tiempo en oración y busque que Dios le dirija en cuanto a qué clase de ayuno y que tan largo ayunará. No trate de ayunar más de lo que Dios le dijo en el principio ni menos. Mantenga la promesa que le hizo a Dios.

Recomiendo que comience el ayuno el domingo pues es bueno comenzar después asistir a la iglesia. Es bueno pedir oración por fortaleza. Sobre todo le recomiendo que invite a otras personas a unirse al ayuno con usted. Es más fácil cuando hay personas orando los unos por los otros y apoyándose.

Nota: La Versión de la Biblia usada en la Lectura Bíblica del día es la Reina Valera 1909. Se recomienda que use la versión que a usted más le guste.

Día 1

El ayuno es un arma poderosa pero solo funciona a los cristianos, a los que aman al Señor. Si nunca has recibido a Jesús en tu corazón como Señor y Salvador y no has sido lleno del Espíritu Santo te invito que no lo dejes para mañana.

Piense en cosas que necesitas romper en lo espiritual, como enojo, lujuria, sentido de soledad, enfermedad, alcoholismo, relaciones etc… El ayuno es la mejor manera de romper con hábitos pecaminosos.

Haga un plan de oración diario, alabanza y devocionales. Trate de hacerlo en la mañana. Comience el día en oración y termínelo en oración. En uno de los días de ayuno le enseñaré cómo meditar en la Palabra y cómo hacer devocionales.

La lectura de la Biblia es crucial. Le incluiremos pasajes bíblicos para que comience a crear el hábito de leer la Palabra de Dios a diario.

Como no conozco la vida espiritual de todos los que participan en el ayuno, voy a incluir lecciones de cómo orar y cómo escuchar la voz de Dios.

Otras cosas que debería incluir en su ayuno es sustituir el tiempo que le dedicas a la televisión, internet y redes sociales con tiempo a solas con Dios. No hay nada más importante que pasar tiempo a solas en oración, adoración y en la

Palabra. También puede ver "sólo" televisión cristiana durante los días de ayuno. Propóngase por 21 días escuchar sólo música cristiana.

Oración para hoy

Señor, te doy las gracias por esta nueva oportunidad de ayunar y acercarme más a ti. Te pido que estés conmigo y me sustente. Que tu Palabra sea mi pan y tu Espíritu mi paz. En el nombre de Jesús. Amén.

Lectura Bíblica del día
Juan 1:19-34

Y éste es el testimonio de Juan, cuando los Judíos enviaron
de Jerusalén sacerdotes y Levitas, que le preguntasen: ¿Tú,
quién eres? Y confesó, y no negó; mas declaró: No soy yo el
Cristo. Y le preguntaron: ¿Qué pues? ¿Eres tú Elías? Dijo:
No soy. ¿Eres tú el profeta? Y respondió: No. Dijéronle:
¿Pues quién eres? para que demos respuesta á los que nos
enviaron. ¿Qué dices de ti mismo? Dijo: Yo soy la voz del
que clama en el desierto: Enderezad el camino del Señor,
como dijo Isaías profeta. Y los que habían sido enviados
eran de los Fariseos.
Y preguntáronle, y dijéronle: ¿Por qué pues bautizas, si tú no
eres el Cristo, ni Elías, ni el profeta? Y Juan les respondió,
diciendo: Yo bautizo con agua; mas en medio de vosotros ha
estado á quien vosotros no conocéis. Este es el que ha de
venir tras mí, el cual es antes de mí: del cual yo no soy digno
de desatar la correa del zapato. Estas cosas acontecieron en
Betábara, de la otra parte del Jordán, donde Juan bautizaba.
El siguiente día ve Juan á Jesús que venía á él, y dice: He aquí
el Cordero de Dios, que quita el pecado del mundo.
 Este es del que dije: Tras mí viene un varón, el cual es antes
de mí: porque era primero que yo. Y yo no le conocía; más
para que fuese manifestado á Israel, por eso vine yo
bautizando con agua. Y Juan dió testimonio, diciendo: Vi al
Espíritu que descendía del cielo como paloma, y reposó
sobre él. Y yo no le conocía; mas el que me envió á bautizar
con agua, aquél me dijo: Sobre quien vieres descender el
Espíritu, y que reposa sobre él, éste es el que bautiza con
Espíritu Santo. Y yo le vi, y he dado testimonio que éste es

el Hijo de Dios.
San Juan 1:19-34 RVR09

Devocional día 1

Se persistente en la oración

Daniel estaba afligido por el futuro de su pueblo. Su respuesta fue humillarse delante de Dios en ayuno y oración por 21 días. La oración era parte de la vida de Daniel el cual oraba tres veces al día. ¿Se desanimó Daniel al no recibir respuesta de Dios durante el ayuno?

Fielmente Daniel terminó el ayuno que se propuso y en este pasaje vemos porqué la respuesta a la oración de Daniel tardó. Tres días después que terminó el ayuno el ángel vino a él. Le dijo que su oración fue escuchada desde el primer día. Así mismo Dios te escucha hoy. Talvez no veas la respuesta hoy, ni mañana pero de seguro Dios te responderá.

La perseverancia en la oración fue crucial en esta escritura. Si Daniel se hubiese desanimado, frustrado o amargado, el ángel no tenía razón alguna de enfrentarse al demonio príncipe de Persia.

Se persistente en tu ayuno y oración. El resultado será glorioso en todas las áreas de tu vida especialmente en tu vida espiritual la cual es lo más importante.
Si tienes necesidad de oración siempre estaremos disponibles para orar por ti.

Día 2

Cuando ayunéis, no seáis austeros, como los hipócritas; porque ellos demudan sus rostros para mostrar a los hombres que ayunan; de cierto os digo que ya tienen su recompensa. Pero tú, cuando ayunes, unge tu cabeza y lava tu rostro, para no mostrar a los hombres que ayunas, sino a tu Padre que está en secreto; y tu Padre que ve en lo secreto te recompensará en público.
S. Mateo 6:16-18 RVR1960

El ayuno es algo íntimo entre tú y Dios. No algo en que nos llenamos de orgullo delante de los demás. No hay nada de malo que en algún momento dado, tus compañeros de trabajo o colegio sepan que estás ayunando. Solamente deja que el momento llegue sólo, no lo publiques a los cuatro vientos.

Si tu acostumbra comer frecuentemente durante tus horas de trabajo o eres el que siempre lleva dulces o golosinas, la gente se darán cuenta que algo es diferente. En esos momentos es adecuado decirles que ayunas, si te preguntan. Puedes evitar la tentación de comer o comer algo que no está permitido en tu ayuno cuando no tienes personas ofreciéndote comida todo el tiempo.

Lo que Jesús nos está enseñando es que no debemos publicar el ayuno y ponernos caras tristes y afligidas para que tengan pena de nosotros. Si nadie sabe que ayunas mejor. No queremos que se burlen de Dios porque decidiste ayunar y ahora andas como si murieras de hambre. Por otra parte no debemos actuar como si fuéramos más espirituales o más fuerte que los demás porque estamos ayunando por 21 días.

El resultado de nuestro ayuno depende de nuestro corazón. La razón principal por hacer este sacrificio es estar más cerca de nuestro Padre celestial. Trata de ocultar tu ayuno lo más que puedas y cuando ya todos se den cuenta, aprovecha la oportunidad para hablar de Jesús y lo que Él significa para ti.

Oración para hoy

Buenos días Padre amado. Gracias te doy por este día que has creado. Gracias por darme el gran privilegio de conocerte y experimentar tu inmenso amor. Guíame durante este día a donde tú me quieras llevar. Llena mi mente de pensamientos que provienen de ti. Así como continúo este ayuno, continúa fortaleciéndome y animándome a seguir hacia delante. En el nombre de Jesús. Amén.

Lectura Bíblica del día
Juan 4:1-42

DE manera que como Jesús entendió que los Fariseos habían
oído que Jesús hacía y bautizaba más discípulos que Juan,
(Aunque Jesús no bautizaba, sino sus discípulos), Dejó á
Judea, y fuése otra vez á Galilea. Y era menester que pasase
por Samaria. Vino, pues, á una ciudad de Samaria que se
llamaba Sichâr, junto á la heredad que Jacob dió á José su
hijo. Y estaba allí la fuente de Jacob. Pues Jesús, cansado del
camino, así se sentó á la fuente. Era como la hora de sexta.
Vino una mujer de Samaria á sacar agua: y Jesús le dice:
Dame de beber. (Porque sus discípulos habían ido á la
ciudad á comprar de comer.) Y la mujer Samaritana le dice:
¿Cómo tú, siendo Judío, me pides á mí de beber, que soy
mujer Samaritana? porque los Judíos no se tratan con los
Samaritanos. Respondió Jesús y díjole: Si conocieses el don
de Dios, y quién es el que te dice: Dame de beber: tú pedirías
de él, y él te daría agua viva. La mujer le dice: Señor, no
tienes con qué sacar la, y el pozo es hondo: ¿de dónde, pues,
tienes el agua viva? ¿Eres tú mayor que nuestro padre Jacob,
que nos dió este pozo, del cual él bebió, y sus hijos, y sus
ganados? Respondió Jesús y díjole: Cualquiera que bebiere
de esta agua, volverá á tener sed; Mas el que bebiere del agua
que yo le daré, para siempre no tendrá sed: mas el agua que
yo le daré, será en él una fuente de agua que salte para vida
eterna. La mujer le dice: Señor, dame esta agua, para que no
tenga sed, ni venga acá á sacar la. Jesús le dice: Ve, llama á tu
marido, y ven acá. Respondió la mujer, y dijo: No tengo
marido. Dícele Jesús: Bien has dicho, No tengo marido;
Porque cinco maridos has tenido: y el que ahora tienes no es

tu marido; esto has dicho con verdad. Dícele la mujer: Señor, paréceme que tú eres profeta. Nuestros padres adoraron en este monte, y vosotros decís que en Jerusalem es el lugar donde es necesario adorar. Dícele Jesús: Mujer, créeme, que la hora viene, cuando ni en este monte, ni en Jerusalem adoraréis al Padre. Vosotros adoráis lo que no sabéis; nosotros adoramos lo que sabemos: porque la salud viene de los Judíos. Mas la hora viene, y ahora es, cuando los verdaderos adoradores adorarán al Padre en espíritu y en verdad; porque también el Padre tales adoradores busca que adoren. Dios es Espíritu; y los que le adoran, en espíritu y en verdad es necesario que adoren. Dícele la mujer: Sé que el Mesías ha de venir, el cual se dice el Cristo: cuando él viniere nos declarará todas las cosas. Dícele Jesús: Yo soy, que hablo contigo. Y en esto vinieron sus discípulos, y maravilláronse de que hablaba con mujer; mas ninguno dijo: ¿Qué preguntas? ó, ¿Qué hablas con ella? Entonces la mujer dejó su cántaro, y fué á la ciudad, y dijo á aquellos hombres: Venid, ved un hombre que me ha dicho todo lo que he hecho: ¿si quizás es éste el Cristo? Entonces salieron de la ciudad, y vinieron á él. Entre tanto los discípulos le rogaban, diciendo: Rabbí, come. Y él les dijo: Yo tengo una comida que comer, que vosotros no sabéis. Entonces los discípulos decían el uno al otro: ¿Si le habrá traído alguien de comer? Díceles Jesús: Mi comida es que haga la voluntad del que me envió, y que acabe su obra. ¿No decís vosotros: Aun hay cuatro meses hasta que llegue la siega? He aquí os digo: Alzad vuestros ojos, y mirad las regiones, porque ya están blancas para la siega. Y el que siega, recibe salario, y allega fruto para vida eterna; para que el que siembra también goce, y el que siega. Porque en esto es el dicho verdadero: Que uno es el que siembra, y otro es el que siega. Yo os he enviado á segar lo que vosotros no labrasteis: otros labraron, y vosotros habéis entrado en sus labores. Y muchos de los Samaritanos de aquella ciudad creyeron en él por la palabra de la mujer, que daba testimonio, diciendo: Que me dijo todo lo que he hecho. Viniendo pues los Samaritanos á él, rogáronle que se quedase allí: y se quedó allí dos días. Y creyeron muchos más por la palabra de él. Y decían á la mujer: Ya no creemos por tu dicho; porque nosotros mismos hemos oído, y sabemos que verdaderamente éste es el Salvador del mundo, el Cristo. *San Juan 4:1-42 RVR09*

Devocional día 2

Dios, Dios mío eres tú; De madrugada te buscaré; Mi alma tiene sed de ti, mi carne te anhela, En tierra seca y árida donde no hay aguas,
Salmos 63:1 RVR1960

De mañana buscaré a Dios

Nuestro Señor y Salvador está siempre disponible. Él siempre nos ve y escucha no importando donde estés o a qué hora lo busques. Pero hay algo especial y hasta poderoso cuando buscamos a Dios de madrugada.

Cuando comenzamos el día buscando su rostro, su amor y dirección, le demostramos cuanto le amamos y que tanto le necesitamos. Cada mañana antes de levantarme, le digo a mí esposa que la amo, le dejo saber cuán importante ella es para mí. Ahora imagínate que yo me levante de la cama y comience mi día sin reconocerla toda la mañana y quizás en la tarde le hablo. ¿Cómo se sentiría ella?

Así mismo se siente Dios. Cuando nos levantamos, agarramos el teléfono para ver las redes sociales, nos ocupamos de nuestros quehaceres y no reconocemos a aquel que nos amó antes de que nos formara. Qué tal si Dios hiciera la mismo con nosotros y se "olvidara" de amarnos, protegernos de los peligros físicos y espirituales, hasta un momento es la tarde se acuerda de nosotros.

Comienza a reconocer a Dios en la mañana. Habla con Él cuando todavía estás en la cama y luego búscalo en oración. Haz de tu Salvador la prioridad de tu día porque nosotros somos la prioridad de Jesús. El amor se demuestra con tiempo de calidad y prioridad.

Día 3

Entonces Jesús fue llevado por el Espíritu al desierto, para ser tentado por el diablo. Y después de haber ayunado cuarenta días y cuarenta noches, tuvo hambre. Y vino a él el tentador, y le dijo: Si eres Hijo de Dios, di que estas piedras se conviertan en pan. Él respondió y dijo: Escrito está: No sólo de pan vivirá el hombre, sino de toda palabra que sale de la boca de Dios.
S. Mateo 4:1-4 RVR1960

Hoy veremos el ejemplo de Jesús y su ayuno. El ayuno de Jesús consistió de cuarenta días sin comer o beber así como Moisés. Ellos son los únicos ayunos "totales" que se registra en la Biblia. No hay ningún llamado de parte de Dios para que el creyente imite este tipo de ayuno o cantidad de días. Estos casos fueron especiales.

Cuando Moisés estaba en la presencia de Dios, hablando cara a cara con Él, fue sustentado por Dios. Él pasó cuarenta días recibiendo los mandamientos y la ley de Dios. En el caso de Jesús, Él paso cuarenta días solo en el desierto y fue tentado a quebrantar la misma ley que Dios le dio a Moisés.

Notemos como la Palabra dice "fue llevado por el Espíritu". El Espíritu Santo es el que nos dirige a ayunar y el que nos sustenta. Por eso dije al principio que pases tiempo a solas con Dios y le pidieras dirección acerca de este ayuno. Tiene que haber un mover o llamado de Dios para sobrellevar los 21 días.

Toma en cuenta que Jesús fue tentado casi al final de su ayuno. En el momento que tuvo hambre, cuando estaba más débil, el diablo llegó para tentar. No te extrañes si durante el ayuno cosas comienzan a salir diferentes a lo planeado. No hay garantía de que durante el ayuno todo va a salir bien. Es una guerra espiritual.

El enemigo de nuestras almas tentó a Jesús tres veces al final de su ayuno. Las tres veces nuestro Salvador venció las tentaciones usando la Palabra. "No solo de pan vivirá el hombre, sino de todo Palabra que sale de la boca de Dios". No fue algo que Jesús se inventó en ese momento sino que Él recitó Deuteronomio 8:3.

Comienza a declarar la Palabra para vencer las tentaciones. No hay arma más poderosa para derrotar el reino de las tinieblas que declarando y utilizando la Espada del Espíritu que es la Palabra de Dios.

Oración para hoy

Padre celestial, yo sé que siempre estás conmigo. Llévame al lugar más alto, a tu presencia. Necesito más de ti pues nada soy si tú no estás a mi lado. Enséñame a declarar tu Palabra durante el día para vencer toda tentación que se presente. Te amo Señor. En el nombre de Jesús. Amén.

Lectura Bíblica del día
Mateo 5:1-20

Y VIENDO las gentes, subió al monte; y sentándose, se llegaron á él sus discípulos. Y abriendo su boca, les enseñaba, diciendo: Bienaventurados los pobres en espíritu: porque de ellos es el reino de los cielos. Bienaventurados los que lloran: porque ellos recibirán consolación. Bienaventurados los mansos: porque ellos recibirán la tierra por heredad. Bienaventurados los que tienen hambre y sed de justicia: porque ellos serán hartos. Bienaventurados los misericordiosos: porque ellos alcanzarán misericordia. Bienaventurados los de limpio corazón: porque ellos verán á Dios. Bienaventurados los pacificadores: porque ellos serán llamados hijos de Dios. Bienaventurados los que padecen persecución por causa de la justicia: porque de ellos es el reino de los cielos. Bienaventurados sois cuando os vituperaren y os persiguieren, y dijeren de vosotros todo mal por mi causa, mintiendo. Gozaos y alegraos; porque vuestra merced es grande en los cielos: que así persiguieron á los profetas que fueron antes de vosotros.
Vosotros sois la sal de la tierra: y si la sal se desvaneciere ¿con qué será salada? no vale más para nada, sino para ser echada fuera y hollada de los hombres. Vosotros sois la luz del mundo: una ciudad asentada sobre un monte no se puede esconder. Ni se enciende una lámpara y se pone debajo de un almud, mas sobre el candelero, y alumbra á todos los que están en casa. Así alumbre vuestra luz delante de los hombres, para que vean vuestras obras buenas, y glorifiquen á vuestro Padre que está en los cielos. No penséis que he venido para abrogar la ley ó los profetas: no he venido para

abrogar, sino á cumplir. Porque de cierto os digo, que hasta que perezca el cielo y la tierra, ni una jota ni un tilde perecerá de la ley, hasta que todas las cosas sean hechas. De manera que cualquiera que infringiere uno de estos mandamientos muy pequeños, y así enseñare á los hombres, muy pequeño será llamado en el reino de los cielos: mas cualquiera que hiciere y enseñare, éste será llamado grande en el reino de los cielos. Porque os digo, que si vuestra justicia no fuere mayor que la de los escribas y de los Fariseos, no entraréis en el reino de los cielos.

San Mateo 5:1-20 RVR09

Devocional día 3

Bueno es dar gracias al SEÑOR, y cantar alabanzas a tu nombre, oh Altísimo; anunciar por la mañana tu bondad, y tu fidelidad por las noches,
(Salmos 92:1-2 NBLH)

Bueno es alabar a Dios

La alabanza es una acción que sale de nuestro espíritu. Dios se regocija cuando desde lo profundo de nosotros sacamos un cántico de alabanza y adoración. No solo cuando estamos en victoria, sino en todo momento.

Alaba a Dios en la prueba, reconociendo que Él está contigo y está de tu parte. Lo que estés pasando en este momento no es permanente, sino que pasarás al otro lado. Y cuando tengas éxito, canta un himno de victoria al Señor.

Es importante cantar cánticos de alabanza al Señor durante el ayuno. Así como una mujer se enamora cuando el caballero le dedica canciones románticas. Enamórate de Jesús y cántale "te anhelo, te necesito, te amo". Sólo Él es digno de alabanza.

Día 4

¡No te rindas!

Ya estás en el día 4 del ayuno de 21 días. Los peores días son los primeros 3. Ya el cuerpo se está acostumbrado a los ajustes alimenticios. Recuerda que esto no es una dieta sino un ayuno espiritual, así que Dios está de tu parte.

Mantén el objetivo en mente todo el tiempo. Yo sé que es difícil para algunas personas, especialmente si es tu primera vez. Tal vez es hora de ajustar tu ayuno dependiendo de lo que Dios te pidió. No es bueno romper con lo que le prometiste a Dios pero también Dios entiende.

No debes detenerte sino seguir hacia delante. Ayer aprendimos a declarar la Palabra "no sólo de pan vivirá el hombre sino de toda Palabra que sale de la boca de Dios". Hay muchos versos bíblicos que podemos declarar durante el ayuno.

...diga el débil: Fuerte soy.
Joel 3:10 RVR1960

Todo lo puedo en Cristo que me fortalece.
Filipenses 4:13 RVR1960

¡Sigue hacia delante! Lo que no debe cambiar es tu tiempo a solas con Dios, eso debería incrementar. El tiempo leyendo la Palabra, meditando en la Palabra, alabando y adorando y orando no debe de disminuir. Lo más importante es tu conexión espiritual

Si tienes dificultad sobrellevando el ayuno ahora o en cualquier momento, no dudes en comunicarte con nosotros a través del correo electrónico contacto@mcajesus.com

Oración para hoy

Gracias Dios por este nuevo tiempo y por la oportunidad de comenzarlo en ayuno y oración. Gracias por este día y por lo que he aprendido en tu Palabra. Gracias por siempre estar a mi lado. En el nombre de Jesús. Amén.

Lectura Bíblica del día
Lucas 4:14-41

Y Jesús volvió en virtud del Espíritu á Galilea, y salió la fama de él por toda la tierra de alrededor, Y enseñaba en las sinagogas de ellos, y era glorificado de todos. Y vino á Nazaret, donde había sido criado; y entró, conforme á su costumbre, el día del sábado en la sinagoga, y se levantó á leer. Y fuéle dado el libro del profeta Isaías; y como abrió el libro, halló el lugar donde estaba escrito: El Espíritu del Señor es sobre mí, Por cuanto me ha ungido para dar buenas nuevas á los pobres: Me ha enviado para sanar á los quebrantados de corazón; Para pregonar á los cautivos libertad, Y á los ciegos vista; Para poner en libertad á los quebrantados: Para predicar el año agradable del Señor. Y rollando el libro, lo dió al ministro, y sentóse: y los ojos de todos en la sinagoga estaban fijos en él. Y comenzó á decirles: Hoy se ha cumplido esta Escritura en vuestros oídos. Y todos le daban testimonio, y estaban maravillados de las palabras de gracia que salían de su boca, y decían: ¿No es éste el hijo de José? Y les dijo: Sin duda me diréis este refrán: Médico, cúrate á ti mismo: de tantas cosas que hemos oído haber sido hechas en Capernaum, haz también aquí en tu tierra. Y dijo: De cierto os digo, que ningún profeta es acepto en su tierra. Mas en verdad os digo, que muchas viudas había en Israel en los días de Elías, cuando el cielo fué cerrado por tres años y seis meses, que hubo una grande hambre en toda la tierra; Pero á ninguna de ellas fué enviado Elías, sino a Sarepta de Sidón, á una mujer viuda. Y muchos leprosos había en Israel en tiempo del profeta Eliseo; mas ninguno de ellos fué limpio, sino Naamán el Siro. Entonces

todos en la sinagoga fueron llenos de ira, oyendo estas cosas; Y levantándose, le echaron fuera de la ciudad, y le llevaron hasta la cumbre del monte sobre el cual la ciudad de ellos estaba edificada, para despeñarle. Mas él, pasando por medio de ellos, se fué. Y descendió á Capernaum, ciudad de Galilea. Y los enseñaba en los sábados. Y se maravillaban de su doctrina, porque su palabra era con potestad. Y estaba en la sinagoga un hombre que tenía un espíritu de un demonio inmundo, el cual exclamó á gran voz, Diciendo: Déjanos, ¿qué tenemos contigo Jesús Nazareno? ¿has venido á destruirnos? Yo te conozco quién eres, el Santo de Dios. Y Jesús le increpó, diciendo: Enmudece, y sal de él. Entonces el demonio, derribándole en medio, salió de él, y no le hizo daño alguno. Y hubo espanto en todos, y hablaban unos á otros, diciendo: ¿Qué palabra es ésta, que con autoridad y potencia manda á los espíritus inmundos, y salen? Y la fama de él se divulgaba de todas partes por todos los lugares de la comarca. Y levantándose Jesús de la sinagoga, entró en casa de Simón: y la suegra de Simón estaba con una grande fiebre; y le rogaron por ella. E inclinándose hacia ella, riñó á la fiebre; y la fiebre la dejó; y ella levantándose luego, les servía. Y poniéndose el sol, todos los que tenían enfermos de diversas enfermedades, los traían á él; y él poniendo las manos sobre cada uno de ellos, los sanaba. Y salían también demonios de muchos, dando voces, y diciendo: Tú eres el Hijo de Dios. Mas riñéndolos no les dejaba hablar; porque sabían que él era el Cristo.
San Lucas 4:14-41 RVR09

Devocional día 4

Mientras ministraban al Señor y ayunaban, el Espíritu Santo dijo: Apartadme a Bernabé y a Saulo para la obra a la que los he llamado. Entonces, después de ayunar, orar y haber impuesto las manos sobre ellos, los enviaron. (Hechos 13:2-3)

Cuando ayunas el Espíritu Santo te habla

El Espíritu Santo que mora en todo aquel que ha nacido de nuevo, siempre está hablándonos. Pero para muchos es difícil escuchar y entender lo que Dios está diciendo.

Cuando ayunamos, nos llenamos más de Jesús pasando más tiempo a solas con Él, meditando en su Palabra y en oración. Todo lo que ya deberíamos estar haciendo pero más intenso durante el ayuno.

Nuestro espíritu está más dispuesto y nuestros oídos espirituales están más sensibles. Es el mejor momento para recibir dirección de Dios. Los apóstoles experimentaban eso frecuentemente pues mantenían una vida de ayuno y oración.

No solo recibieron la dirección de Dios de enviar a Bernabé y a Pablo durante el ayuno sino que ayunaron otra vez para fortalecer su espíritu y enviándolos a la obra de Dios. Prepara tus oídos espirituales para recibir dirección del Espíritu Santo. Llénate de Dios.

Día 5

Pero los que esperan en el SEÑOR renovarán sus fuerzas; se remontarán con alas como las águilas, correrán y no se cansarán, caminarán y no se fatigarán.
(Isaías 40:31)

Tus fuerzas vienen de Dios

Él te fortalecerá cuando no tengas fuerzas. Espera en Él y dale al Señor lo mejor que puedas. Nuestro Padre celestial ve las intenciones del corazón y hasta nuestros pensamientos. El conoce tus intenciones para realizar este ayuno.

Lo que Dios hará contigo al final del ayuno será glorioso y los cambios serán notados por todos lo que te rodean. Ahora mismo, después de 4 días ayunando y orando, deberías sentirte más cerca de Dios.

Hoy decide hacer un acto de misericordia a alguien que no conoces. Demuestra el amor que Dios ha puesto en ti. Sin importar las consecuencias o la reacción de los demás, cuando hacemos misericordia a alguien que no nos puede pagar de vuelta, demostramos que Jesús vive en nosotros.

Si te sientes cansado y agotado, espera en el Señor. No te desanimes sino que utiliza la oportunidad para comprobar que las promesas de Dios son verdaderas y siempre se cumplen.

Oración para hoy

Señor, reconozco que necesito de tí y fuera de tí nada puedo hacer. Gracias por darme fuerzas para continuar este ayuno. Ayúdame a caminar en misericordia con los demás y a ser más como tú. Te amo Señor. En el nombre de Jesús. Amén.

Lectura Bíblica del día
1 Juan 1:1-10

LO que era desde el principio, lo que hemos oído, lo que hemos visto con nuestros ojos, lo que hemos mirado, y palparon nuestras manos tocante al Verbo de vida; (Porque la vida fué manifestada, y vimos, y testificamos, y os anunciamos aquella vida eterna, la cual estaba con el Padre, y nos ha aparecido;) Lo que hemos visto y oído, eso os anunciamos, para que también vosotros tengáis comunión con nosotros: y nuestra comunión verdaderamente es con el Padre, y con su Hijo Jesucristo. Y estas cosas os escribimos, para que vuestro gozo sea cumplido. Y este es el mensaje que oímos de él, y os anunciamos: Que Dios es luz, y en él no hay ningunas tinieblas. Si nosotros dijéremos que tenemos comunión con él, y andamos en tinieblas, mentimos, y no hacemos la verdad; Mas si andamos en luz, como él está en luz, tenemos comunión entre nosotros, y la sangre de Jesucristo su Hijo nos limpia de todo pecado. Si dijéremos que no tenemos pecado, nos engañamos á nosotros mismos, y no hay verdad en nosotros. Si confesamos nuestros pecados, él es fiel y justo para que nos perdone nuestros pecados, y nos limpie de toda maldad. Si dijéremos que no hemos pecado, lo hacemos á él mentiroso, y su palabra no está en nosotros.
1 Juan 1:1-10 RVR09

Devocional día 5

Pero el rey David dijo a Ornán: No, sino que ciertamente lo compraré por su justo precio; porque no tomaré para el SEÑOR lo que es tuyo, ni ofreceré un holocausto que no me cueste nada.
(1 Crónicas 21:24 NBLH)

A Dios se le da lo mejor

El sacrificio que hacemos por acercarnos más a Dios es visto por nuestro Padre celestial y será recompensado. No es un acto de manipulación para obtener algo a cambio pero cuando lo hacemos de corazón Dios nos bendecirá.

No me refiero a sacrificios vanos como repetir la misma oración diez veces al día o caminar de rodillas. Si no tenemos un corazón limpio y puro, nuestro sacrificio de nada vale.

No le des a Dios las migajas. Esto es lo que esta escritura nos enseña. El rey pudo tomar el campo de gratis pero eso no agradaría al Señor. Si amamos a Dios tenemos que darle lo mejor que podamos. Si no te cuesta lo que entregas a Dios no esperes que Dios se mueva a tu favor.

Revisa las intenciones que te motivaron a comenzar este ayuno. Piensa en lo que estás comiendo, ¿es un sacrificio? ¿Qué tiempo le dedicas a estar a solas con Dios? ¿Qué cosas haces además de orar y pasar tiempo con Dios durante el ayuno? ¿Cómo tratas a los demás?

Día 6

¡Hoy es viernes!

Sí, el fin de semana está aquí y ya has completado 6 días. El Señor está viendo tu compromiso con Él y te seguirá sustentando hasta el día 21. En estos momentos ya tu cuerpo debería estar ajustado a tu ayuno.

Ahora es el tiempo de incrementar un poco tú tiempo a solas con Dios. Es lo que más le agrada a Dios después de la obediencia. El sentido de cercanía a Dios es mayor que cuando comenzamos.

Si estás cansado y te sientes tentado a romper el ayuno busca a alguien que te apoye. Tal vez alguien que conoces y está participando del ayuno puede ser un buen compañero. También puedes invitar a otros a unirse.

Algo que tenemos que practicar durante cualquier ayuno es decir amablemente "NO". Cuando nos ofrecen comida, nos invitan a comer o a salir de paseo, el decir amablemente "NO" le ayudará a continuar poniendo su relación con Dios primero.

Oración para hoy

Mi Padre amado, gracias por guiarme y fortalecerme. Sé que estarás conmigo todo el camino y espero con ansias finalizar el ayuno en su totalidad. Pero también sé que las tentaciones vienen y lo que quiero es complacerte. Ayúdame a no rendirme. En el nombre de Jesús. Amén.

Lectura Bíblica del día
Salmos 91:1-16

EL que habita al abrigo del Altísimo, Morará bajo la sombra del Omnipotente. Diré yo á Jehová: Esperanza mía, y castillo mío; Mi Dios, en él confiaré. Y él te librará del lazo del cazador: De la peste destruidora. Con sus plumas te cubrirá, Y debajo de sus alas estarás seguro: Escudo y adarga es su verdad. No tendrás temor de espanto nocturno, Ni de saeta que vuele de día; Ni de pestilencia que ande en oscuridad, Ni de mortandad que en medio del día destruya. Caerán á tu lado mil, Y diez mil á tu diestra: Mas á ti no llegará. Ciertamente con tus ojos mirarás, Y verás la recompensa de los impíos. Porque tú has puesto á Jehová, que es mi esperanza, Al Altísimo por tu habitación, No te sobrevendrá mal, Ni plaga tocará tu morada. Pues que á sus ángeles mandará acerca de ti, Que te guarden en todos tus caminos. En las manos te llevarán, Porque tu pie no tropiece en piedra. Sobre el león y el basilisco pisarás; Hollarás al cachorro del león y al dragón. Por cuanto en mí ha puesto su voluntad, yo también lo libraré: Pondrélo en alto, por cuanto ha conocido mi nombre. Me invocará, y yo le responderé: Con él estaré yo en la angustia: Lo libraré, y le glorificaré. Saciarélo de larga vida, Y mostraréle mi salud.
Salmos 91:1-16 RVR09

Devocional día 6

Sed, pues, imitadores de Dios como hijos amados; y andad en amor, así como también Cristo os amó y se dio a sí mismo por nosotros, ofrenda y sacrificio a Dios, como fragante aroma. (Efesios 5:1-2 NBLH)

Imita a Jesús y andarás en buen camino

Jesús caminó entre nosotros con un récord intachable. Nunca se halló un mal en Él pues nunca pecó y su amor y misericordia por los necesitados era lo que lo movía.

Ahora, nosotros los cristianos que hemos nacido de nuevo, no sólo estamos llamados a adorar y servir a Jesús, sino que tenemos que imitarlo.

¿Qué tanto te pareces Jesús? Nunca en esta tierra podremos ser imágenes perfectas de Jesús pero si podemos parecernos a Él. Nuestra meta debería ser hablar como Él habló, caminar como Él caminó, orar como Él oró y hacer todo lo que Él hizo.

El ayuno y oración es parte de imitar lo que Jesús hizo. A eso inclúyele el servir a los necesitados, poner la voluntad del Padre primero y poner su vida por los demás. No tenemos que ser lo mejor de uno mismo sino ser más como Jesús.

Día 7

El Señor te está sonriendo

A pesar de lo difícil que ha sido esta semana, hoy has llegado al día 7 de tu ayuno. De seguro tentaciones llegaron, personas te ofrecieron comida de las cuales estás ayunando. Tal vez tuviste un pequeño tropiezo durante la semana y te sientes culpable.

Lo importante es que todavía estás en la ruta a la conquista. Sigue caminando. El ayuno no es sólo dejar de comer sino humillarte delante de Dios con un corazón quebrantado y arrepentido. Presenta tus pecados delante de Dios cada día y los de tu familia. Recuerda que si no tenemos un corazón limpio, nada de lo que hagas valdrá algo. El amor y la misericordia es lo primero que Dios quiere ver en nosotros y después sacrificios.

Termina fuerte esta primera semana, prepárate para hacer los ajustes alimenticios que ya de antemano prometiste al Señor. No rompas las promesas que le hiciste a Dios, pero solo en oración puedes pedirle a Dios que te guíe en un nuevo plan para las próximas dos semanas.

Lo que no debió haber cambiado es tu tiempo con Dios, tiempo leyendo las escrituras y en adoración. La conexión espiritual con tu Padre celestial es lo que te cambiará de adentro hacia afuera. ¡Sé fuerte en el Señor¡

Oración para hoy

Padre nuestro, gracias por esta primera semana de ayuno. Me
has sostenido con tu mano poderosa y tus brazos de amor.
Quiero estar más cerca de ti cada día. Ayúdame a caminar en
tu amor y compartirlo con los demás. En el nombre de Jesús.
Amén.

Lectura Bíblica del día
Efesios 5:1-33

SED, pues, imitadores de Dios como hijos amados: Y andad
en amor, como también Cristo nos amó, y se entregó á sí
mismo por nosotros, ofrenda y sacrificio á Dios en olor
suave. Pero fornicación y toda inmundicia, ó avaricia, ni aun
se nombre entre vosotros, como conviene á santos; Ni
palabras torpes, ni necedades, ni truhanerías, que no
convienen; sino antes bien acciones de gracias. Porque sabéis
esto, que ningún fornicario, ó inmundo, ó avaro, que es
servidor de ídolos, tiene herencia en el reino de Cristo y de
Dios. Nadie os engañe con palabras vanas; porque por estas
cosas viene la ira de Dios sobre los hijos de desobediencia.
No seáis pues aparceros con ellos; Porque en otro tiempo
erais tinieblas; mas ahora sois luz en el Señor: andad como
hijos de luz, (Porque el fruto del Espíritu es en toda bondad,
y justicia, y verdad;) Aprobando lo que es agradable al Señor.
Y no comuniquéis con las obras infructuosas de las tinieblas;
sino antes bien redargüidlas. Porque torpe cosa es aun hablar
de lo que ellos hacen en oculto. Mas todas las cosas cuando
son redargüidas, son manifestadas por la luz; porque lo que
manifiesta todo, la luz es. Por lo cual dice: Despiértate, tú
que duermes, y levántate de los muertos, y te alumbrará
Cristo. Mirad, pues, cómo andéis avisadamente; no como
necios, mas como sabios; Redimiendo el tiempo, porque los
días son malos. Por tanto, no seáis imprudentes, sino
entendidos de cuál sea la voluntad del Señor. Y no os
embriaguéis de vino, en lo cual hay disolución; mas sed llenos
de Espíritu; Hablando entre vosotros con salmos, y con
himnos, y canciones espirituales, cantando y alabando al

Señor en vuestros corazones; Dando gracias siempre de todo al Dios y Padre en el nombre de nuestro Señor Jesucristo: Sujetados los unos á los otros en el temor de Dios. Las casadas estén sujetas á sus propios maridos, como al Señor. Porque el marido es cabeza de la mujer, así como Cristo es cabeza de la iglesia; y él es el que da la salud 5.23 al cuerpo. Así que, como la iglesia está sujeta á Cristo, así también las casadas lo estén á sus maridos en todo. Maridos, amad á vuestras mujeres, así como Cristo amó á la iglesia, y se entregó á sí mismo por ella, Para santificarla limpiándola en el lavacro del agua por la palabra, Para presentársela gloriosa para sí, una iglesia que no tuviese mancha ni arruga, ni cosa semejante; sino que fuese santa y sin mancha. Así también los maridos deben amar á sus mujeres como á sus mismos cuerpos. El que ama á su mujer, á sí mismo se ama. Porque ninguno aborreció jamás á su propia carne, antes la sustenta y regala, como también Cristo á la iglesia; Porque somos miembros de su cuerpo, de su carne y de sus huesos. Por esto dejará el hombre á su padre y á su madre, y se allegará á su mujer, y serán dos en una carne. Este misterio grande es: mas yo digo esto con respecto á Cristo y á la iglesia. Cada uno empero de vosotros de por sí, ame también á su mujer como á sí mismo; y la mujer reverencie á su marido.
Efesios 5:1-33 RVR09

Devocional día 7

Yo soy la vid, vosotros los sarmientos; el que permanece en mí y yo en él, ése da mucho fruto, porque separados de mí nada podéis hacer. (Juan 15:5 NBLH)

Permanece en Él

Normalmente cuando participamos del ayuno nos sentimos muy cerca de Dios. Nuestra mente permanece en las cosas del Señor. La paz de Dios se siente como no la sentíamos en mucho tiempo, pero cuando el ayuno termina, ¿permanecemos en Él?

Es fácil caer en las cosas del mundo cuando dejamos de hacer lo que agrada a Dios. El orar a diario, leer la Biblia todos los días y escuchar sólo música cristiana nos es sólo algo que hacemos durante un ayuno sino el estilo de vida del creyente.

Pero sí queremos los frutos del ayuno durante todo el año sin permanecer en Jesús. Todo fruto que llevamos viene de Él, nada podemos hacer sin nuestro Salvador. El ayuno es para recargar nuestro espíritu y volver a hacer lo que debemos hacer. Lo único diferente que debes hacer después del ayuno es comer.

Día 8

Separa este día para el Señor

Hoy comienza la segunda semana del ayuno. Dedícale el día al Señor y a buscar su rostro. Ve a la iglesia donde recibirás la Palabra de Dios, adorarás con cánticos y compartirás con otros creyentes. El Señor te pude hablar directamente a ti durante el servicio, mantén tus oídos espirituales abiertos.

Cuando llegues a tu hogar dedica el resto del día en oración, presenta tus peticiones delante de Dios. Dale gracias por todo lo que ha hecho en tu vida. Intercede por tu familia para que los que todavía no conocen a Jesús, lo conozcan.

La lectura de la Palabra será tu delicia. Pasa mucho tiempo leyendo y meditando en la Palabra durante el día. Si hay otras personas en tu casa, comparte lo que leas con ellos y hablen de lo que para ellos significa la lectura bíblica.

Deja que el Espíritu Santo te llene hoy pasando tiempo solamente adorando y alabando a nuestro Señor. El Dios que habita en la alabanza de su pueblo te visitará durante la adoración. Él merece toda la alabanza, gloria y honor, más Él se goza en ti cuando esperas en Él.

Oración para hoy

Padre amado, te doy las gracias por este día que has creado para que me regocije en él. Tu amor y tu bondad son inmensa. Ayúdame a no distraerme hoy con cosas que no te honran. Quiero caminar contigo Señor. En el nombre de Jesús. Amén.

Lectura Bíblica del día
S. Marcos 3:1-35

Y OTRA vez entró en la sinagoga; y había allí un hombre que tenía una mano seca. Y le acechaban si en sábado le sanaría, para acusarle. Entonces dijo al hombre que tenía la mano seca: Levántate en medio. Y les dice: ¿Es lícito hacer bien en sábado, ó hacer mal? ¿salvar la vida, ó quitarla? Mas ellos callaban. Y mirándolos alrededor con enojo, condoleciéndose de la ceguedad de su corazón, dice al hombre: Extiende tu mano. Y la extendió, y su mano fué restituída sana. Entonces saliendo los Fariseos, tomaron consejo con los Herodianos contra él, para matarle. Mas Jesús se apartó á la mar con sus discípulos: y le siguió gran multitud de Galilea, y de Judea. Y de Jerusalem, y de Idumea, y de la otra parte del Jordán. Y los de alrededor de Tiro y de Sidón, grande multitud, oyendo cuán grandes cosas hacía, vinieron á él. Y dijo á sus discípulos que le estuviese siempre apercibida la barquilla, por causa del gentío, para que no le oprimiesen. Porque había sanado á muchos; de manera que caían sobre él cuantos tenían plagas, por tocarle. Y los espíritus inmundos, al verle, se postraban delante de él, y daban voces, diciendo: Tú eres el Hijo de Dios. Mas él les reñía mucho que no le manifestasen. Y subió al monte, y llamó á sí á los que él quiso; y vinieron á él. Y estableció doce, para que estuviesen con él, y para enviarlos á predicar. Y que tuviesen potestad de sanar enfermedades, y de echar fuera demonios: A Simón, al cual puso por nombre Pedro; Y á Jacobo, hijo de Zebedeo, y á Juan hermano de Jacobo; y les apellidó Boanerges, que es, Hijos del trueno; Y á Andrés, y á Felipe, y á Bartolomé, y á Mateo, y á Tomas, y á Jacobo

hijo de Alfeo, y á Tadeo, y á Simón el Cananita, Y á Judas Iscariote, el que le entregó. Y vinieron á casa. Y agolpóse de nuevo la gente, de modo que ellos ni aun podían comer pan. Y como lo oyeron los suyos, vinieron para prenderle: porque decían: Está fuera de sí. Y los escribas que habían venido de Jerusalem, decían que tenía á Beelzebub, y que por el príncipe de los demonios echaba fuera los demonios. Y habiéndolos llamado, les decía en parábolas: ¿Cómo puede Satanás echar fuera á Satanás? Y si algún reino contra sí mismo fuere dividido, no puede permanecer el tal reino. Y si alguna casa fuere dividida contra sí misma, no puede permanecer la tal casa. Y si Satanás se levantare contra sí mismo, y fuere dividido, no puede permanecer; antes tiene fin. Nadie puede saquear las alhajas del valiente entrando en su casa, si antes no atare al valiente y entonces saqueará su casa. De cierto os digo que todos los pecados serán perdonados á los hijos de los hombres, y las blasfemias cualesquiera con que blasfemaren; Mas cualquiera que blasfemare contra el Espíritu Santo, no tiene jamás perdón, mas está expuesto á eterno juicio. Porque decían: Tiene espíritu inmundo. Vienen después sus hermanos y su madre, y estando fuera, enviaron á él llamándole. Y la gente estaba sentada alrededor de él, y le dijeron: He aquí, tu madre y tus hermanos te buscan fuera. Y él les respondió, diciendo: ¿Quién es mi madre y mis hermanos? Y mirando á los que estaban sentados alrededor de él, dijo: He aquí mi madre y hermanos. Porque cualquiera que hiciere la voluntad de Dios, éste es mi hermano, y mi hermana, y mi madre.
San Marcos 3:1-35 RVR09

Devocional día 8

Después de despedir a la multitud, subió al monte a solas para orar; y al anochecer, estaba allí solo.
(Mateo 14:23 NBLH)

Apártate y acércate

Nuestro Señor Jesús tenía la necesidad de comunicarse con el Padre todo el tiempo. Siendo Dios y hombre al mismo tiempo, la relación entre Dios (Padre, Hijo, Espíritu Santo) tenía que mantenerse al mismo tiempo que Jesús nos daba el ejemplo.

Orar en la iglesia es muy bueno, también cuando oramos con otros hermanos en Cristo. Pero es sumamente necesario que nos apartemos y pasemos tiempo a solas con Dios.

En ese tiempo a solas es cuando podemos realmente abrir nuestro corazón al Padre. Cuando podemos ser totalmente sinceros sin preocuparnos del qué dirán. Separa un lugar en tu hogar, donde nadie te interrumpa cuando estés pasando tiempo con Dios.

La intimidad con Jesús nos permite conocerlo mejor y cada día ser más como Él. Esto debe ser algo diario y constante. El lugar, ya sea en un cuarto, el baño, el sótano o el carro, no es tan importante que el tiempo de calidad que le des al Señor. Jesús quiere pasar tiempo contigo.

Día 9

Hablaré de tus testimonios delante de los reyes, Y no me avergonzaré; Salmos 119:46 RVR1960

¡Levántate y predica!

El Señor te ha llevado a un camino durante este ayuno en el cual estás creciendo espiritualmente y en conocimiento. La Palabra se hace más viva cuando dependes de Dios y dedicas días para caminar con Él.

Ahora que estás lleno(a) de la Palabra, compártela con los demás. Habla de lo que has aprendido, de los cambios que el Señor ha hecho en tu vida y todo lo que significa amar a Dios y ser amado por Él.

Cuando algo nuevo llega a tu vida especialmente algo materialmente valioso, lo compartes con los demás con emoción. A veces pasas días hablando de eso. ¿Por qué no hablar de lo más valioso que tienes?

Tu salvación en Cristo Jesús es lo más valioso que tenemos y que podemos tener. Acompañado con el gozo de tener vida eterna, debe también haber pasión por predicar a los demás. ¿Quién tú piensas que le hablará a tus familiares y compañeros de Jesús?

El límite para mí predicar a tus amigos y familiares es grande, también el de los pastores en tu área. Es necesario que trabajemos en lo más importante para Jesús, que es salvar a todos los que quieran ser salvos. El deseo de Dios es que todos tengan morada eterna con Él y tú eres un instrumento para lograrlo. Levántate y predica.

Oración para hoy

Señor, te doy gracias porque enviaste a tu hijo Jesús, para yo pudiera ser salvo. Ayúdame a compartir esa salvación con los que están cerca de mí, especialmente mis familiares que no te conocen. Te lo pido en el nombre de Jesús. Amén.

Lectura Bíblica del día
Hechos 8:1-40

Y SAULO consentía en su muerte. Y en aquel día se hizo una grande persecución en la iglesia que estaba en Jerusalem; y todos fueron esparcidos por las tierras de Judea y de Samaria, salvo los apóstoles. Y llevaron á enterrar á Esteban varones piadosos, é hicieron gran llanto sobre él. Entonces Saulo asolaba la iglesia, entrando por las casas: y trayendo hombres y mujeres, los entregaba en la cárcel. Mas los que fueron esparcidos, iban por todas partes anunciando la palabra. Entonces Felipe, descendiendo á la ciudad de Samaria, les predicaba á Cristo. Y las gentes escuchaban atentamente unánimes las cosas que decía Felipe, oyendo y viendo las señales que hacía. Porque de muchos que tenían espíritus inmundos, salían éstos dando grandes voces; y muchos paralíticos y cojos eran sanados: Así que había gran gozo en aquella ciudad. Y había un hombre llamado Simón, el cual había sido antes mágico en aquella ciudad, y había engañado la gente de Samaria, diciéndose ser algún grande: Al cual oían todos atentamente desde al más pequeño hasta el más grande, diciendo: Este es la gran virtud de Dios. Y le estaban atentos, porque con sus artes mágicas los había embelesado mucho tiempo. Mas cuando creyeron á Felipe, que anunciaba el evangelio del reino de Dios y el nombre de Jesucristo, se bautizaban hombres y mujeres. El mismo Simón creyó también entonces, y bautizándose, se llegó á Felipe: y viendo los milagros y grandes maravillas que se hacían, estaba atónito. Y los apóstoles que estaban en Jerusalem, habiendo oído que Samaria había recibido la palabra de Dios, les enviaron á Pedro y á Juan: Los cuales venidos, oraron por ellos, para que recibiesen el Espíritu Santo; (Porque aun no había descendido sobre ninguno de ellos, mas solamente eran bautizados en el nombre de Jesús.) Entonces les impusieron las manos, y recibieron el Espíritu Santo. Y como vió Simón que por la imposición de las manos de los apóstoles se daba el Espíritu Santo, les ofreció dinero, Diciendo: Dadme también á mí esta potestad, que á cualquiera que pusiere las manos encima, reciba el Espíritu Santo. Entonces Pedro le dijo: Tu dinero perezca contigo, que piensas que el don de Dios se gane por dinero. No tienes tú parte ni suerte en este negocio; porque tu corazón no es recto delante de Dios. Arrepiéntete pues de esta tu maldad, y ruega á Dios, si quizás te será perdonado el pensamiento de tu corazón. Porque en hiel de amargura y en prisión de maldad veo que estás. Respondiendo entonces Simón, dijo: Rogad vosotros por mí al Señor, que ninguna cosa de estas que habéis dicho, venga sobre mí. Y ellos, habiendo testificado y hablado la palabra de Dios, se volvieron á Jerusalem, y en muchas tierras de los Samaritanos anunciaron el evangelio. Empero el ángel de Señor habló á Felipe, diciendo: Levántate y ve hacia el mediodía, al camino que desciende de Jerusalem á Gaza, el cual es desierto. Entonces él se levantó, y fué: y he aquí un Etiope, eunuco, gobernador de Candace, reina de los Etiopes, el cual era puesto sobre todos sus tesoros, y había venido á adorar á Jerusalem, Se volvía sentado en su carro, y leyendo el profeta Isaías. Y el Espíritu dijo á Felipe: Llégate, y júntate á este carro. Y acudiendo Felipe, le oyó que leía el profeta Isaías, y dijo: Mas ¿entiendes lo que lees? Y dijo: ¿Y cómo podré, si alguno no me enseñare? Y rogó á Felipe que subiese, y se sentase con él. Y el lugar de la Escritura que leía, era éste: Como oveja á la muerte fué llevado; Y como cordero mudo delante del que le trasquila, Así no abrió su boca: En su humillación su juicio fué quitado: Mas su generación, ¿quién la contará? Porque es quitada de la tierra su vida. Y respondiendo el eunuco á Felipe, dijo: Ruégote ¿de quién el profeta dice esto? ¿de sí, ó de otro alguno? Entonces Felipe, abriendo su boca, y comenzando desde esta escritura, le anunció el evangelio de Jesús. Y yendo por el camino, llegaron á cierta agua; y dijo el eunuco: He aquí agua; ¿qué impide que yo sea bautizado? Y Felipe dijo: Si crees de todo corazón, bien puedes. Y respondiendo, dijo: Creo que Jesucristo es el Hijo de Dios. Y mandó parar el carro: y descendieron ambos al agua, Felipe y el eunuco; y bautizóle. Y como subieron del agua, el Espíritu del Señor arrebató á Felipe; y no le vió más el eunuco, y se fué por su camino gozoso. Felipe empero se halló en Azoto: y pasando, anunciaba el evangelio en todas las ciudades, hasta que llegó á Cesarea.

Hechos 8:1-40 RVR09

Devocional día 9

Si estuviereis en mí, y mis palabras estuvieren en vosotros, pedid todo lo que quisiereis, y os será hecho.
(Juan 15:7 NBLH)

¡Pide lo que quieras!

Jesús nos invita a pedir lo que queramos y ¿qué vas a pedir? ¿Ese carro que has visto por meses y no puedes pagar o una casa grande con más cuartos que nunca llenarás? No dejes que tu corazón o algún pastor de prosperidad te desvíen de lo que Jesús dice. Eso no es lo que Jesús quiso decir. Él si proveerá todo lo que necesitas según sus riquezas en gloria.

Pero para poder pedir lo que quieras, tienes que permanecer en Él y en su Palabra. En Él, pasando tiempo en oración y adoración. Pasando tiempo a solas con Jesús en tu cuarto de oración diario y durante el día, tenerlo presente.

Permaneciendo en su Palabra es leerla todos los días y obedeciéndola. Tomando tiempo meditando en las escrituras y pidiéndole al Espíritu Santo que te enseñe lo que significa y te ayude a obedecer en amor.

Entonces tu corazón estará listo para pedir lo que quieras porque Dios pondrá deseos en tu corazón que se alinean a la voluntad de Dios. Buscando primero el reino de Dios y su justicia, todo lo demás será añadido.

Día 10

¿Quién vive en ti?

Con Cristo estoy juntamente crucificado, y ya no vivo yo, mas vive Cristo en mí; y lo que ahora vivo en la carne, lo vivo en la fe del Hijo de Dios, el cual me amó y se entregó a sí mismo por mí.
Gálatas 2:20 RVR1960

Ahora que ya el ayuno es parte de tu vida cotidiana, tu corazón está más abierto a recibir dirección del Espíritu Santo. Muriendo a la vida pasada nos acercamos más a la meta. Lo que vivamos, lo vivimos en Cristo Jesús.

Si en realidad Cristo vive en mí, los frutos de ello tienen que verse fácilmente por los demás. Por eso es importante mantener esa relación con Dios que tienes en estos momentos aún después que termine el ayuno.

Aprendimos que no sólo de pan vivirá el hombre sino de toda Palabra que sale de la boca de Dios. Así que tenemos que permanecer en la Palabra de Dios todos los días de nuestra vida. La fuente de vida de todo creyente es comiendo del pan de vida de Dios.

Jesús mora en nosotros, es decir él vive en nosotros. Tenemos que ser más como Él y menos como nosotros. Si Él murió por nosotros, vivamos para Él.

Oración para hoy

Padre Santo, gracias por este día y por ayudarme a enfocarme en ti. Perdona las veces que me he olvidado de ti y de pasar tiempo contigo. Ya que tú vives en mi ayúdame a ser más como tú. En el nombre de Jesús. Amén.

Lectura Bíblica del día
Romanos 8:1-39

AHORA pues, ninguna condenación hay para los que están
en Cristo Jesús, los que no andan conforme á la carne, mas
conforme al espíritu. Porque la ley del Espíritu de vida en
Cristo Jesús me ha librado de la ley del pecado y de la muerte.
Porque lo que era imposible á la ley, por cuanto era débil por
la carne, Dios enviando á su Hijo en semejanza de carne de
pecado, y a causa del pecado, condenó al pecado en la carne;
Para que la justicia de la ley fuese cumplida en nosotros, que
no andamos conforme á la carne, mas conforme al espíritu.
Porque los que viven conforme á la carne, de las cosas que
son de la carne se ocupan; mas los que conforme al espíritu,
de las cosas del espíritu. Porque la intención de la carne es
muerte; mas la intención del espíritu, vida y paz: Por cuanto
la intención de la carne es enemistad contra Dios; porque no
se sujeta á la ley de Dios, ni tampoco puede. Así que, los que
están en la carne no pueden agradar á Dios. Mas vosotros no
estáis en la carne, sino en el espíritu, si es que el Espíritu de
Dios mora en vosotros. Y si alguno no tiene el Espíritu de
Cristo, el tal no es de él. Empero si Cristo está en vosotros,
el cuerpo á la verdad está muerto á causa del pecado; mas el
espíritu vive á causa de la justicia. Y si el Espíritu de aquel
que levantó de los muertos á Jesús mora en vosotros, el que
levantó á Cristo Jesús de los muertos, vivificará también
vuestros cuerpos mortales por su Espíritu que mora en
vosotros. Así que, hermanos, deudores somos, no á la carne,
para que vivamos conforme á la carne: Porque si viviereis
conforme á la carne, moriréis; mas si por el espíritu
mortificáis las obras de la carne, viviréis. Porque todos los

que son guiados por el Espíritu de Dios, los tales son hijos de Dios. Porque no habéis recibido el espíritu de servidumbre para estar otra vez en temor; mas habéis recibido el espíritu de adopción, por el cual clamamos, Abba, Padre. Porque el mismo Espíritu da testimonio á nuestro espíritu que somos hijos de Dios. Y si hijos, también herederos; herederos de Dios, y coherederos de Cristo; si empero padecemos juntamente con él, para que juntamente con él seamos glorificados. Porque tengo por cierto que lo que en este tiempo se padece, no es de comparar con la gloria venidera que en nosotros ha de ser manifestada. Porque el continuo anhelar de las criaturas espera la manifestación de los hijos de Dios. Porque las criaturas sujetas fueron á vanidad, no de grado, mas por causa del que las sujetó con esperanza, Que también las mismas criaturas serán libradas de la servidumbre de corrupción en la libertad gloriosa de los hijos de Dios. Porque sabemos que todas las criaturas gimen á una, y á una están de parto hasta ahora. Y no sólo ellas, mas también nosotros mismos, que tenemos las primicias del Espíritu, nosotros también gemimos dentro de nosotros mismos, esperando la adopción, es á saber, la redención de nuestro cuerpo. Porque en esperanza somos salvos; mas la esperanza que se ve, no es esperanza; porque lo que alguno ve, ¿á qué esperarlo? Empero si lo que no vemos esperamos, por paciencia esperamos. Y asimismo también el Espíritu ayuda nuestra flaqueza: porque qué hemos de pedir como conviene, no lo sabemos; sino que el mismo Espíritu pide por nosotros con gemidos indecibles. Mas el que escudriña los corazones, sabe cuál es el intento del Espíritu, porque conforme á la voluntad de Dios, demanda por los santos. Y sabemos que á los que á Dios aman, todas las cosas les ayudan á bien, es á saber, á los que conforme al propósito son llamados. Porque a los que antes conoció, también predestinó para que fuesen hechos conformes á la imagen de su Hijo, para que él sea el primogénito entre muchos hermanos; Y á los que predestinó, á éstos también llamó; y á los que llamó, á éstos también justificó; y á los que justificó, á éstos también glorificó. ¿Pues qué diremos á esto? Si Dios por nosotros, ¿quién contra nosotros? El que aun a su propio Hijo no perdonó, antes le entregó por todos nosotros, ¿cómo no nos dará también con él todas las cosas? ¿Quién acusará á los escogidos de Dios? Dios es el que justifica. ¿Quién es el que condenará? Cristo es el que murió; más aún, el que también resucitó, quien además está á la diestra de Dios, el que también intercede por nosotros. ¿Quién nos apartará del amor de Cristo? tribulación? ó angustia? ó persecución? ó hambre? ó desnudez? ó peligro? ó cuchillo? Como está escrito: Por causa de ti somos muertos todo el tiempo: Somos estimados como ovejas de matadero. Antes, en todas estas cosas hacemos más que vencer por medio de aquel que nos amó. Por lo cual estoy cierto que ni la muerte, ni la vida, ni ángeles, ni principados, ni potestades, ni lo presente, ni lo por venir, Ni lo alto, ni lo bajo, ni ninguna criatura nos podrá apartar del amor de Dios, que es en Cristo Jesús Señor nuestro.

Romanos 8:1-39 RVR09

Devocional día 10

Este libro de la ley no se apartará de tu boca, sino que meditarás en él día y noche, para que cuides de hacer todo lo que en él está escrito; porque entonces harás prosperar tu camino y tendrás éxito.
(Josué 1:8 NBLH)

Meditando en la Palabra

Hoy aprenderemos a meditar en la Palabra y escribir un devocional. El leer la Palabra y meditar en ella son dos cosas distintas. Leer es bien importante porque nos permite saber lo que Dios nos dice y podemos ver cómo Dios obra.

El meditar en la Palabra es más que leer. Es escudriñar la Palabra, entender lo que Dios hizo y cómo lo aplicamos en nuestras vidas. Es aprender a escuchar la voz de Dios. Descubrimos algo nuevo cada vez que meditamos en la Palabra.

Ahora, antes de leer la Biblia ora al Padre para que te ayude a encontrar la escritura que Él quiere que medites en ella. Luego cuando encuentres esa escritura algo en ti (El Espíritu Santo) te hará saber que la encontraste. Luego lee esa porción varias veces y pídele al Señor que te ayude a entender lo que dice y a cómo aplicarla a tu vida.

Lo que el Señor te dé escríbelo y léelo durante el día y compártelo con alguien. Pasando tiempo leyendo la porción bíblica y leyendo el devocional estarás meditando en la Palabra de día y de noche.

Día 11

Todo va bien

El sacrificio que hacemos cuando ayunamos es distinto para cada persona pero para que Dios se mueva tiene que costarnos algo. Hay personas que son vegetarianos y si hacen el ayuno de Daniel no sería difícil del todo. Pero para los que están acostumbrados a comer productos de animales es más difícil.

Todo lo que hagas para el Señor con sacrificio y un corazón limpio será recompensado. De seguro tu cuerpo será más saludable pues está probado que ayunar puede revertir muchas enfermedades si se hace adecuadamente.

Ya estás a más de la mitad de tu ayuno de 21 días. Debes estar feliz y orgulloso de que Dios te ha ayudado y sostenido hasta ahora. En los últimos días que faltan también te sostendrá si permaneces en Él.

No te detengas en este punto, porque sé que algunos han roto la promesa a Dios y han comido algo diferente. Sólo pídele perdón al Señor y pide que te ayude a reponer los días que fallaste. No te condenes, todo está bien solo sigue caminando.

Lo importante es no rendirse. En esta etapa, ora más, pasa más tiempo a solas con Jesús, ya lo que escuchas es sólo música cristiana. Dios ha roto con muchos malos hábitos pecaminosos de tu pasado. No tienes que volver a ellos si permaneces en Él, ahí estás seguro

Oración para hoy

Señor, este día te doy gracias porque mirando atrás parecía imposible mantener el ayuno, pero tu Palabra ha sido mi alimento. Gracias por ser tan bueno. Ayúdame a permanecer en ti durante el ayuno y todos los días de mi vida. En el nombre de Jesús. Amén.

Lectura Bíblica del día
Salmos 27:1-14

JEHOVÁ es mi luz y mi salvación: ¿de quién temeré? Jehová es la fortaleza de mi vida: ¿de quién he de atemorizarme? Cuando se allegaron contra mí los malignos, mis angustiadores y mis enemigos, Para comer mis carnes, ellos tropezaron y cayeron.   Aunque se asiente campo contra mí, No temerá mi corazón: Aunque contra mí se levante guerra, Yo en esto confío.   Una cosa he demandado á Jehová, ésta buscaré: Que esté yo en la casa de Jehová todos los días de mi vida, Para contemplar la hermosura de Jehová, y para inquirir en su templo.   Porque él me esconderá en su tabernáculo en el día del mal; Ocultaráme en lo reservado de su pabellón; Pondráme en alto sobre una roca.   Y luego ensalzará mi cabeza sobre mis enemigos en derredor de mí: Y yo sacrificaré en su tabernáculo sacrificios de júbilo: Cantaré y salmearé á Jehová.   Oye, oh Jehová, mi voz con que á ti clamo; Y ten misericordia de mí, respóndeme.   Mi corazón ha dicho de ti: Buscad mi rostro. Tu rostro buscaré, oh Jehová.   No escondas tu rostro de mí, No apartes con ira á tu siervo: Mi ayuda has sido; No me dejes y no me desampares, Dios de mi salud.   Aunque mi padre y mi madre me dejaran, Jehová con todo me recogerá.   Enséñame, oh Jehová, tu camino, Y guíame por senda de rectitud, A causa de mis enemigos.   No me entregues á la voluntad de mis enemigos; Porque se han levantado contra mí testigos falsos, y los que respiran crueldad.   Hubiera yo desmayado, si no creyese que tengo de ver la bondad de Jehová En la tierra de los vivientes.   Aguarda á Jehová; Esfuérzate, y aliéntese tu corazón: Sí, espera á Jehová.
Salmos 27:1-14 RVR09

Devocional día 11

Sea quitada de vosotros toda amargura, enojo, ira, gritos, maledicencia, así como toda malicia. Sed más bien amables unos con otros, misericordiosos, perdonándoos unos a otros, así como también Dios os perdonó en Cristo. (Efesios 4:31-32 NBLH)

Déjate de eso...

Nosotros lo que hemos nacido de nuevo y estamos llenos del Espíritu Santo, somos diferentes a los demás, al menos deberíamos. Hay cosas del pasado que arrastramos con nosotros cuando llegamos a Cristo que nos impide crecer.

Esas cosas son las que afectan nuestro testimonio delante de los demás. Muchas personas no creen en Jesús porque muchos cristianos dan mal testimonio en los trabajos, en la familia y con las amistades.

No se puede servir a Cristo y seguir actuando de esa manera, así que déjate de eso. Sé que toma tiempo dejar las malas costumbres pero el tiempo que toma es el que pasamos a solas con Jesús.

Ora en éste día para que Dios te cambie la vieja manera de actuar y te renueve con su Espíritu Santo. Seamos más como Jesús y menos como nosotros.

Día 12

Quién cómo Dios

De todas las cosas en que podemos poner nuestra confianza, sólo Dios nunca falla. Él es bueno y su amor por nosotros es infinito e incondicional. Somos su creación especial, la niña de sus ojos.

Tendemos en poner nuestra confianza en los hombres, algo natural, pero el problema es que todos fallamos. No sólo que hay una porción de maldad en cada una de nosotros la cual luchamos en contra todos los días, sino que también cuando no hacen o dicen lo que esperamos nos decepcionamos.

Pero Dios no es así, Él siempre está disponible para nosotros en todo momento. Nos guía, nos conforta, nos protege, nos provee y nos da paz y gozo. Nosotros somos lo que le fallamos a Él con el simple acto de desobedecer u olvidando pasar tiempo con Él.

No hay nadie como nuestro Dios, no hay quien salve, sane o restaure. Sé que hay personas que buscan algo más que Dios porque no le conocen. Pero no hay nadie más, sólo Dios.

Oración para hoy

Mi Dios, te amo tanto y sé que no hay nadie como tú. Hoy pongo toda mi confianza en ti y solo en ti. Ayúdame a esforzarme en ti y a permanecer en tu presencia. En el nombre de Jesús. Amén.

Lectura Bíblica del día
Filipenses 4:1-23

ASÍ que, hermanos míos amados y deseados, gozo y corona mía, estad así firmes en el Señor, amados. A Euodias ruego, y á Syntychê exhorto, que sientan lo mismo en el Señor. Asimismo te ruego también á ti, hermano compañero, ayuda á las que trabajaron juntamente conmigo en el evangelio, con Clemente también, y los demás mis colaboradores, cuyos nombres están en el libro de la vida. Gozaos en el Señor siempre: otra vez digo: Que os gocéis. Vuestra modestia sea conocida de todos los hombres. El Señor está cerca. Por nada estéis afanosos; sino sean notorias vuestras peticiones delante de Dios en toda oración y ruego, con hacimiento de gracias. Y la paz de Dios, que sobrepuja todo entendimiento, guardará vuestros corazones y vuestros entendimientos en Cristo Jesús. Por lo demás, hermanos, todo lo que es verdadero, todo lo honesto, todo lo justo, todo lo puro, todo lo amable, todo lo que es de buen nombre; si hay virtud alguna, si alguna alabanza, en esto pensad. Lo que aprendisteis y recibisteis y oísteis y visteis en mí, esto haced; y el Dios de paz será con vosotros. Mas en gran manera me gocé en el Señor de que ya al fin ha reflorecido vuestro cuidado de mí; de lo cual aun estabais solícitos, pero os faltaba la oportunidad. No lo digo en razón de indigencia, pues he aprendido á contentarme con lo que tengo. Sé estar humillado, y sé tener abundancia: en todo y por todo estoy enseñado, así para hartura como para hambre, así para tener abundancia como para padecer necesidad. Todo lo puedo en Cristo que me fortalece. Sin embargo, bien hicisteis que comunicasteis juntamente á mi tribulación. Y sabéis también

vosotros, oh Filipenses, que al principio del evangelio, cuando partí de Macedonia, ninguna iglesia me comunicó en razón de dar y recibir, sino vosotros solos. Porque aun á Tesalónica me enviasteis lo necesario una y dos veces. No porque busque dádivas; mas busco fruto que abunde en vuestra cuenta. Empero todo lo he recibido, y tengo abundancia: estoy lleno, habiendo recibido de Epafrodito lo que enviasteis, olor de suavidad, sacrificio acepto, agradable á Dios. Mi Dios, pues, suplirá todo lo que os falta conforme á sus riquezas en gloria en Cristo Jesús. Al Dios pues y Padre nuestro sea gloria por los siglos de los siglos. Amén. Saludad á todos los santos en Cristo Jesús. Los hermanos que están conmigo os saludan. Todos los santos os saludan, y mayormente los que son de casa de César. La gracia de nuestro Señor Jesucristo sea con todos vosotros. Amén.
Filipenses 4:1-23 RVR09

Devocional día 12

Por consiguiente, no hay ahora condenación para los que están en Cristo Jesús, los que no andan conforme a la carne sino conforme al Espíritu. (Romanos 8:1 NBLH)

¿Por qué sigues condenándote?

Ya lo que hicimos en el pasado ha quedado atrás. Sí, no estamos orgullosos de nuestro pasado pero fue un pasado sin Dios y si Dios no estuvo en nuestras vidas no hay de que sorprendernos.

Si nos arrepentimos de nuestros pecados y le dimos nuestro corazón a Jesús, todo eso pecados fueron perdonados, lavados y olvidados por nuestro Padre celestial.

No permitas que el enemigo te recuerde que tan malo eras y que terrible es tu pasado. Recuérdale quién eres tú hoy y quién vive en tí. Nosotros andamos en el Espíritu y no en la carne, hemos vencido por la sangre del Cordero.

Cuando vengan pensamientos negativos y de condenación, repréndelos en el nombre Jesús. Y si alguien te dice "pero tú eres así", refiriéndose a tu pasado, tú le dirás "yo era" ahora Cristo vive en mí. ¡Soy una nueva criatura!

Día 13

El Señor está a la puerta

Hoy hablaremos de algo que se ignora mucho, la segunda venida del Señor. Pero antes de que Jesús establezca su trono y reine las naciones junto con nosotros, será el rapto.

¿Estás esperando por ese momento? En Apocalipsis 22, Juan hace la última oración de la Biblia.

El que da testimonio de estas cosas dice: Ciertamente vengo en breve. Amén; sí, ven, Señor Jesús.
Apocalipsis 22:20 RVR1960

Los que amamos al Señor anhelamos su venida. No hay nada en este mundo que nos ate pues amamos a Jesús más que cualquier otra cosa o personas. Pero tenemos que vivir nuestras vidas dignas del Señor, todos los días.

¿Y qué de tu familia? Espero que estés haciendo lo más que puedas para traerlos al conocimiento de Jesús. Tenemos que tener pasión por la venida del Señor y sentido de urgencia por el día de rapto. No hay mucho tiempo.

Oración para hoy

Padre celestial, gracias por un día más y por sostenerme durante el ayuno. Ayúdame a vivir teniendo presente que tu hijo Jesús regresará pronto. Quiero vivir para ti y hacer lo que me has llamado a hacer. En el nombre de Jesús. Amén.

Lectura Bíblica del día
Lucas 18:1-43

Y PROPÚSOLES también una parábola sobre que es necesario orar siempre, y no desmayar, Diciendo: Había un juez en una ciudad, el cual ni temía á Dios, ni respetaba á hombre. Había también en aquella ciudad una viuda, la cual venía á él diciendo: Hazme justicia de mi adversario. Pero él no quiso por algún tiempo; mas después de esto dijo dentro de sí: Aunque ni temo á Dios, ni tengo respeto á hombre, Todavía, porque esta viuda me es molesta, le haré justicia, porque al fin no venga y me muela. Y dijo el Señor: Oid lo que dice el juez injusto. ¿Y Dios no hará justicia á sus escogidos, que claman á él día y noche, aunque sea longánime acerca de ellos? Os digo que los defenderá presto. Empero cuando el Hijo del hombre viniere, ¿hallará fe en la tierra? Y dijo también á unos que confiaban de sí como justos, y menospreciaban á los otros, esta parábola: Dos hombres subieron al templo á orar: el uno Fariseo, el otro publicano. El Fariseo, en pie, oraba consigo de esta manera: Dios, te doy gracias, que no soy como los otros hombres, ladrones, injustos, adúlteros, ni aun como este publicano; Ayuno dos veces á la semana, doy diezmos de todo lo que poseo. Mas el publicano estando lejos no quería ni aun alzar los ojos al cielo, sino que hería su pecho, diciendo: Dios, sé propició á mí pecador. Os digo que éste descendió á su casa justificado antes que el otro; porque cualquiera que se ensalza, será humillado; y el que se humilla, será ensalzado. Y traían a él los niños para que los tocase; lo cual viendo los discípulos les reñían. Mas Jesús llamándolos, dijo: Dejad los niños venir á mí, y no los impidáis; porque de tales es el reino de Dios. De cierto os digo, que cualquiera que no recibiere el reino de Dios como un niño, no entrará en él. Y preguntóle un príncipe, diciendo: Maestro bueno, ¿qué haré para poseer la vida eterna? Y Jesús le dijo: ¿Por qué me llamas bueno? ninguno hay bueno sino sólo Dios. Los mandamientos sabes: No matarás: No adulterarás: No hurtarás: No dirás falso testimonio: Honra á tu padre y á tu madre. Y él dijo: Todas estas cosas he guardado desde mi juventud. Y Jesús, oído esto, le dijo: Aun te falta una cosa: vende todo lo que tienes, y da á los pobres, y tendrás tesoro en el cielo; y ven, sígueme. Entonces él, oídas estas cosas, se puso muy triste, porque era muy rico. Y viendo Jesús que se había entristecido mucho, dijo: ¡Cuán dificultosamente entrarán en el reino de Dios los que tienen riquezas! Porque más fácil cosa es entrar un camello por el ojo de una aguja, que un rico entrar en el reino de Dios. Y los que lo oían, dijeron: ¿Y quién podrá ser salvo? Y él les dijo: Lo que es imposible para con los hombres, posible es para Dios. Entonces Pedro dijo: He aquí, nosotros hemos dejado las posesiones nuestras, y te hemos seguido. Y él les dijo: De cierto os digo, que nadie hay que haya dejado casa, padres, ó hermanos, ó mujer, ó hijos, por el reino de Dios, Que no haya de recibir mucho más en este tiempo, y en el siglo venidero la vida eterna. Y Jesús, tomando á los doce, les dijo: He aquí subimos á Jerusalem, y serán cumplidas todas las cosas que fueron escritas por los profetas, del Hijo del hombre. Porque será entregado á las gentes, y será escarnecido, é injuriado, y escupido. Y después que le hubieren azotado, le matarán: mas al tercer día resucitará. Pero ellos nada de estas cosas entendían, y esta palabra les era encubierta, y no entendían lo que se decía. Y aconteció que acercándose él á Jericó, un ciego estaba sentado junto al camino mendigando; El cual como oyó la gente que pasaba, preguntó qué era aquello. Y dijéronle que pasaba Jesús Nazareno. Entonces dió voces, diciendo: Jesús, Hijo de David, ten misericordia de mí. Y los que iban delante, le reñían que callase; mas él clamaba mucho más: Hijo de David, ten misericordia de mí. Jesús entonces parándose, mandó traerle á sí: y como él llegó, le preguntó, Diciendo: ¿Qué quieres que te haga? Y él dijo: Señor, que vea. Y Jesús le dijo: Ve, tu fe te ha hecho salvo. Y luego vió, y le seguía, glorificando á Dios: y todo el pueblo como lo vió, dió á Dios alabanza.

San Lucas 18:1-43 RVR09

Devocional día 13

Y estas señales acompañarán a los que han creído: en mi nombre echarán fuera demonios, hablarán en nuevas lenguas; tomarán serpientes en las manos, y aunque beban algo mortífero, no les hará daño; sobre los enfermos pondrán las manos, y se pondrán bien.
(Marcos 16:17-18 NBLH)

¿Cuantos creen?

Tristemente la mayoría de los creyentes no experimentan el poder del Espíritu Santo. Mayormente porque no les han enseñado que todavía Él se mueve poderosamente.

A veces lo que se enseña es que sólo el pastor puede orar por los enfermos y tenemos que traerlos a la iglesia. Eso no es lo que la Palabra enseña, es más, es en contra de la Palabra.

Jesús nos dijo que "a los que creen" las señales le seguirán, no sólo a los apóstoles, no sólo a los líderes, sino a todo el que cree. El Espíritu Santo es el que hace milagros no el pastor, no nosotros.

Si tú crees, todo lo que Jesús dice que puedes hacer, lo puedes hacer. No tienes que esperar hasta el domingo para orar por tus compañeros o familia. Ora ahora mismo, en el mismo lugar y momento en el cual te piden oración. Si tú crees, tú lo puedes hacer.

Día 14

Dos semanas

Hoy se cumplen dos semanas del ayuno y sólo falta una semana más. Mirando atrás parecía que nunca lo lograrías pero el Señor te ha sostenido. Qué bueno es saber que cuando tratamos de agradar a Dios, Él nos respaldará.

Piensa en lo que eras hace dos semanas y lo que eres hoy. Como a través del Espíritu Santo has dejado cosas del pasado como malos hábitos, condenación y depresión. Eso te ayudará y motivará a seguir ayunando hasta el día 21.

Medita en lo que todavía necesitas rendir a Dios. Que hay dentro de ti que te atrasa y te impide crecer espiritualmente. Que pecado estás guardando que no has dado a Dios para que lo perdone.

No importa que tan malo haya sido nuestro pasado, todos los pecados son perdonados si lo rendimos a Jesús en arrepentimiento. Hoy presenta tus pecados delante de Dios y decide dejar la pena propia, la culpa y la condenación.

Oración para hoy

Padre nuestro, gracias por ser mi sustento durante estas semanas que he ayunado. Ayúdame a terminar en victoria una semana más. Tu Palabra ha sido pan para mí. Ayúdame a dejar todo mi pasado atrás. En el nombre de Jesús. Amén.

Lectura Bíblica del día
Santiago 1:1-27

JACOBO, siervo de Dios y del Señor Jesucristo, a las doce tribus que están esparcidas, salud. Hermanos míos, tened por sumo gozo cuando cayereis en diversas tentaciones; Sabiendo que la prueba de vuestra fe obra paciencia. Mas tenga la paciencia perfecta su obra, para que seáis perfectos y cabales, sin faltar en alguna cosa. Y si alguno de vosotros tiene falta de sabiduría, demándela á Dios, el cual da á todos abundantemente, y no zahiere; y le será dada. Pero pida en fe, no dudando nada: porque el que duda es semejante á la onda de la mar, que es movida del viento, y echada de una parte á otra. No piense pues el tal hombre que recibirá ninguna cosa del Señor. El hombre de doblado ánimo es inconstante en todos sus caminos. El hermano que es de baja suerte, gloríese en su alteza: Mas el que es rico, en su bajeza; porque él se pasará como la flor de la hierba. Porque salido el sol con ardor, la hierba se secó, y su flor se cayó, y pereció su hermosa apariencia: así también se marchitará el rico en todos sus caminos. Bienaventurado el varón que sufre la tentación; porque cuando fuere probado, recibirá la corona de vida, que Dios ha prometido á los que le aman. Cuando alguno es tentado, no diga que es tentado de Dios: porque Dios no puede ser tentado de los malos, ni él tienta á alguno: Sino que cada uno es tentado, cuando de su propia concupiscencia es atraído, y cebado. Y la concupiscencia, después que ha concebido, pare el pecado: y el pecado, siendo cumplido, engendra muerte. Amados hermanos míos, no erréis. Toda buena dádiva y todo don perfecto es de lo alto, que desciende del Padre de las luces, en el cual no hay

mudanza, ni sombra de variación. El, de su voluntad nos ha engendrado por la palabra de verdad, para que seamos primicias de sus criaturas. Por esto, mis amados hermanos, todo hombre sea pronto para oir, tardío para hablar, tardío para airarse: Porque la ira del hombre no obra la justicia de Dios. Por lo cual, dejando toda inmundicia y superfluidad de malicia, recibid con mansedumbre la palabra ingerida, la cual puede hacer salvas vuestras almas. Mas sed hacedores de la palabra, y no tan solamente oidores, engañándoos á vosotros mismos. Porque si alguno oye la palabra, y no la pone por obra, este tal es semejante al hombre que considera en un espejo su rostro natural. Porque él se consideró á sí mismo, y se fué, y luego se olvidó qué tal era. Mas el que hubiere mirado atentamente en la perfecta ley, que es la de la libertad, y perseverado en ella, no siendo oidor olvidadizo, sino hacedor de la obra, este tal será bienaventurado en su hecho. Si alguno piensa ser religioso entre vosotros, y no refrena su lengua, sino engañando su corazón, la religión del tal es vana. La religión pura y sin mácula delante de Dios y Padre es esta: Visitar los huérfanos y las viudas en sus tribulaciones, y guardarse sin mancha de este mundo.
Santiago 1:1-27 RVR09

Devocional día 14

A ti se aferra mi alma; tu diestra me sostiene. (Salmos 63:8 NBLH)

Tu mano me sostiene

El Señor siempre nos da en su Palabra, lo que tenemos que hacer para ser victoriosos. No hay revelaciones especiales para algunos ministros que después pasan a los creyentes. Todo lo que Dios quiere que tu hagas y no hagas está en la Palabra.

El Señor te sostiene con su diestra, eso es una verdad que es para todos. Pero hay algo que tenemos que hacer primero, antes de recibir sus promesas. En este caso tenemos que estar apegados a Él.

No hay bendiciones sin obediencia. Como hemos hablado durante el ayuno, tenemos que permanecer en el Señor. No sólo pedir lo que necesitamos cuando lo necesitamos. Sino mantener una comunicación directa con Dios en todo momento, pasar tiempo a solas con Él y permanecer en su Palabra.

Mira este ejemplo, tienes un amigo por años y de momento él deja de hablarte, ya no te llama ni te busca y cuando lo buscas te ignora. De momento, después de unos años llega a ti solo para pedirte dinero o un favor que te costará mucho. Se lo das y luego desaparece por un tiempo hasta que otra vez necesita algo de ti. ¿Cómo te sentirás?

Así es como Dios se siente cuando solo lo buscamos de vez en cuando porque necesitamos algo de Él. La relación entre tú y Dios hay que mantenerla todos los días sin falta y todo lo que necesitas te será dado.

Día 15

Él es el Rey

Nuestro Dios y Salvador es el Rey de toda la creación. No hay nadie ni nada que se compare con Él. Por su Palabra fueron creadas todas las cosas y sin el nada existiera.

Así mismo Dios nos ha dado autoridad sobre toda la creación y también sobre el mundo espiritual de las huestes de maldad. Dios ha permitido que el dominio del enemigo sea establecido por un tiempo en este mundo.

Pero nosotros los cristianos, los que hemos nacido de nuevo, tenemos autoridad sobre todo ángel caído y todo demonio. Aunque podemos ser tentados no somos forzados a pecar.

Empieza a actuar como parte del reino de Dios en la tierra pues pronto reinaremos junto con Jesús. Camina con autoridad y no con miedo pues Él es el que tiene el control de todas las cosas.

Oración para hoy

Señor, gracias te doy porque me has dado autoridad sobre el mundo de las tinieblas y no tengo por qué temer. Ayúdame a entender que tú eres Rey de reyes y estás en control de todas las cosas. En el nombre de Jesús. Amén.

Lectura Bíblica del día
Marcos 8:1-38

EN aquellos días, como hubo gran gentío, y no tenían qué
comer, Jesús llamó á sus discípulos, y les dijo: Tengo
compasión de la multitud, porque ya hace tres días que están
conmigo, y no tienen qué comer: Y si los enviare en ayunas á
sus casas, desmayarán en el camino; porque algunos de ellos
han venido de lejos. Y sus discípulos le respondieron: ¿De
dónde podrá alguien hartar á estos de pan aquí en el desierto?
Y les pregunto: ¿Cuántos panes tenéis? Y ellos dijeron: Siete.
Entonces mandó á la multitud que se recostase en tierra; y
tomando los siete panes, habiendo dado gracias, partió, y dió
á sus discípulos que los pusiesen delante: y los pusieron
delante á la multitud. Tenían también unos pocos pececillos:
y los bendijo, y mandó que también los pusiesen delante. Y
comieron, y se hartaron: y levantaron de los pedazos que
habían sobrado, siete espuertas. Y eran los que comieron,
como cuatro mil: y los despidió. Y luego entrando en el
barco con sus discípulos, vino á las partes de Dalmanutha. Y
vinieron los Fariseos, y comenzaron á altercar con él,
pidiéndole señal del cielo, tentándole. Y gimiendo en su
espíritu, dice: ¿Por qué pide señal esta generación? De cierto
os digo que no se dará señal á esta generación. Y dejándolos,
volvió á entrar en el barco, y se fué de la otra parte. Y se
habían olvidado de tomar pan, y no tenían sino un pan
consigo en el barco. Y les mandó, diciendo: Mirad, guardaos
de la levadura de los Fariseos, y de la levadura de Herodes. Y
altercaban los unos con los otros, diciendo: Pan no tenemos.
Y como Jesús lo entendió, les dice: ¿Qué altercáis, porque no
tenéis pan? ¿no consideráis ni entendéis? ¿aun tenéis
endurecido vuestro corazón? ¿Teniendo ojos no veis, y

teniendo oídos no oís? ¿y no os acordáis? Cuando partí los cinco panes entre cinco mil, ¿cuántas espuertas llenas de los pedazos alzasteis? Y ellos dijeron: Doce. Y cuando los siete panes entre cuatro mil, ¿cuántas espuertas llenas de los pedazos alzasteis? Y ellos dijeron: Siete. Y les dijo: ¿Cómo aún no entendéis? Y vino á Bethsaida; y le traen un ciego, y le ruegan que le tocase. Entonces, tomando la mano del ciego, le sacó fuera de la aldea; 8.23 y escupiendo en sus ojos, y poniéndole las manos encima, le preguntó si veía algo. Y él mirando, dijo: Veo los hombres, pues veo que andan como árboles. Luego le puso otra vez las manos sobre sus ojos, y le hizo que mirase; y fué restablecido, y vió de lejos y claramente á todos. Y envióle á su casa, diciendo: No entres en la aldea, ni lo digas á nadie en la aldea. Y salió Jesús y sus discípulos por las aldeas de Cesarea de Filipo. Y en el camino preguntó á sus discípulos, diciéndoles: ¿Quién dicen los hombres que soy yo? Y ellos respondieron: Juan Bautista; y otros, Elías; y otros, Alguno de los profetas. Entonces él les dice: Y vosotros, ¿quién decís que soy yo? Y respondiendo Pedro, le dice: Tú eres el Cristo. Y les apercibió que no hablasen de él á ninguno. Y comenzó á enseñarles, que convenía que el Hijo del hombre padeciese mucho, y ser reprobado de los ancianos, y de los príncipes de los sacerdotes, y de los escribas, y ser muerto, y resucitar después de tres días. Y claramente decía esta palabra. Entonces Pedro le tomó, y le comenzó á reprender. Y él, volviéndose y mirando á sus discípulos, riñó á Pedro, diciendo: Apártate de mí, Satanás; porque no sabes las cosas que son de Dios, sino las que son de los hombres. Y llamando á la gente con sus discípulos, les dijo: Cualquiera que quisiere venir en pos de mí, niéguese á sí mismo, y tome su cruz, y sígame. Porque el que quisiere salvar su vida, la perderá; y el que perdiere su vida por causa de mí y del evangelio, la salvará. Porque ¿qué aprovechará al hombre, si granjeare todo el mundo, y pierde

su alma? ¿O qué recompensa dará el hombre por su alma? Porque el que se avergonzare de mí y de mis palabras en esta generación adulterina y pecadora, el Hijo del hombre se avergonzará también de él, cuando vendrá en la gloria de su Padre con los santos ángeles.
San Marcos 8:1-38 RVR09

Devocional día 15

Sed hacedores de la palabra y no solamente oidores que se engañan a sí mismos. (Santiago 1:22 NBLH)

¿Escuchas pero no haces?

Hay muchos que escuchan la Palabra los domingos en la iglesia y después se olvidan de ella. Durante la semana no hay memoria de lo que Dios les habló durante el servicio.

También hay otros que son eruditos de la Palabra. Estudian las escrituras y memorizan muchos pasajes bíblicos y hasta enseñan a otros lo que la Biblia dice pero ellos no hacen lo que enseñan.

Pero el resto de nosotros no somos así ¿verdad? Nosotros escuchamos la Palabra y leemos y meditamos en ella y la ponemos en práctica. Hay una convicción en nuestros corazones cuando vemos en las escrituras que hay algo que deberíamos hacer y no lo estamos haciendo.

El amor hacia Jesús se demuestra obedeciendo su Palabra. Por lo tanto es necesario ser hacedores y no solo oidores. No hay mayor satisfacción que en hacer la voluntad de Dios y vivir en obediencia. Así le agradaremos a Dios.

Día 16

Recuerda que es ayuno Y oración

Le felicito por haber llegado tan lejos en este ayuno. Sé que ha sido de gran bendición para ti y tu vida espiritual. Sólo falta 5 días para finalizar el ayuno así que terminemos fuerte.

Este tiempo que le dedicas a Dios, no es solamente dejar de comer. Hay que mantener una vida de oración continua con Dios. Lo oración es sumamente importante para conocer a Jesús y saber el plan que Él tiene para tu vida.

Saber cómo escuchar su voz a través de su Palabra y a través del Espíritu Santo nos ayudará a vencer en la guerra espiritual. No podemos olvidar pasar tiempo a solas con Dios, ni ahora ni después del ayuno.

Esta semana terminarla incrementando tu tiempo de oración. ¿Sabías que Daniel oraba tres veces al día? Hagamos lo mismo y pasemos tiempo con el Señor.

Oración para hoy

Padre, gracias por este día hermoso que creaste para mí. Hoy solo te pido que me ayudes a pasar más tiempo a solas con Jesús. Necesito más de ti. En el nombre de Jesús. Amén.

Lectura Bíblica del día
Marcos 9:1-50

TAMBIÉN les dijo: De cierto os digo que hay algunos de los que están aquí, que no gustarán la muerte hasta que hayan visto el reino de Dios que viene con potencia. Y seis días después tomó Jesús á Pedro, y á Jacobo, y á Juan, y los sacó aparte solos á un monte alto; y fué transfigurado delante de ellos. Y sus vestidos se volvieron resplandecientes, muy blancos, como la nieve; tanto que ningún lavador en la tierra los puede hacer tan blancos. Y les apareció Elías con Moisés, que hablaban con Jesús. Entonces respondiendo Pedro, dice á Jesús: Maestro, bien será que nos quedemos aquí, y hagamos tres pabellones: para ti uno, y para Moisés otro, y para Elías otro; Porque no sabía lo que hablaba; que estaban espantados. Y vino una nube que les hizo sombra, y una voz de la nube, que decía: Este es mi Hijo amado: á él oíd. Y luego, como miraron, no vieron más á nadie consigo, sino á Jesús solo. Y descendiendo ellos del monte, les mandó que á nadie dijesen lo que habían visto, sino cuando el Hijo del hombre hubiese resucitado de los muertos. Y retuvieron la palabra en sí, altercando qué sería aquéllo: Resucitar de los muertos. Y le preguntaron, diciendo: ¿Qué es lo que los escribas dicen, que es necesario que Elías venga antes? Y respondiendo él, les dijo: Elías á la verdad, viniendo antes, restituirá todas las cosas: y como está escrito del Hijo del hombre, que padezca mucho y sea tenido en nada. Empero os digo que Elías ya vino, y le hicieron todo lo que quisieron, como está escrito de él. Y como vino á los discípulos, vió grande compañía alrededor de ellos, y escribas que disputaban con ellos. Y luego toda la gente, viéndole, se espantó, y corriendo á él, le saludaron. Y preguntóles: ¿Qué disputáis con ellos? Y respondiendo uno de la compañía, dijo: Maestro, traje á ti mi hijo, que tiene un espíritu mudo, El cual, donde quiera que le toma, le despedaza; y echa espumarajos, y cruje los dientes, y se va secando: y dije á tus discípulos que le echasen fuera, y no pudieron. Y respondiendo él, les dijo: ¡Oh generación infiel! ¿hasta cuándo estaré con vosotros? ¿hasta cuándo os tengo de sufrir? Traédmele. Y se le trajeron: y como le vió, luego el espíritu le desgarraba; y cayendo en tierra, se revolcaba, echando espumarajos. Y Jesús preguntó á su padre: ¿Cuánto tiempo há que le aconteció esto? Y él dijo: Desde niño: Y muchas veces le echa en el fuego y en aguas, para matarle; mas, si puedes algo, ayúdanos, teniendo misericordia de nosotros. Y Jesús le dijo: Si puedes creer, al que cree todo es posible. Y luego el padre del muchacho dijo clamando: Creo, ayuda mi incredulidad. Y como Jesús vió que la multitud se agolpaba, reprendió al espíritu inmundo, diciéndole: Espíritu mudo y sordo, yo te mando, sal de él, y no entres más en él. Entonces el espíritu clamando y desgarrándole mucho, salió; y él quedó como muerto, de modo que muchos decían: Está muerto. Mas Jesús tomándole de la mano, enderezóle; y se levantó. Y como él entró en casa, sus discípulos le preguntaron aparte: ¿Por qué nosotros no pudimos echarle fuera? Y les dijo: Este género con nada puede salir, sino con oración y ayuno. Y habiendo salido de allí, caminaron por Galilea; y no quería que nadie lo supiese. Porque enseñaba á sus discípulos, y les decía: El Hijo del hombre será entregado en manos de hombres, y le matarán; mas muerto él, resucitará al tercer día. Pero ellos no entendían esta palabra, y tenían miedo de preguntarle. Y llegó á Capernaum; y así que estuvo en casa, les preguntó: ¿Qué disputabais entre vosotros en el camino? Mas ellos callaron; porque los unos con los

otros habían disputado en el camino quién había de ser el mayor. Entonces sentándose, llamó á los doce, y les dice: Si alguno quiere ser el primero, será el postrero de todos, y el servidor de todos. Y tomando un niño, púsolo en medio de ellos; y tomándole en sus brazos, les dice: El que recibiere en mi nombre uno de los tales niños, á mí recibe; y el que á mí recibe, no recibe á mí, mas al que me envió. Y respondióle Juan, diciendo: Maestro, hemos visto á uno que en tu nombre echaba fuera los demonios, el cual no nos sigue; y se lo prohibimos, porque no nos sigue. Y Jesús dijo: No se lo prohibáis; porque ninguno hay que haga milagro en mi nombre que luego pueda decir mal de mí. Porque el que no es contra nosotros, por nosotros es. Y cualquiera que os diere un vaso de agua en mi nombre, porque sois de Cristo, de cierto os digo que no perderá su recompensa. Y cualquiera que escandalizare á uno de estos pequeñitos que creen en mí, mejor le fuera si se le atase una piedra de molino al cuello, y fuera echado en la mar. Y si tu mano te escandalizare, córtala: mejor te es entrar á la vida manco, que teniendo dos manos ir á la Gehenna, al fuego que no puede ser apagado; Donde su gusano no muere, y el fuego nunca se apaga. Y si tu pie te fuere ocasión de caer, córtalo: mejor te es entrar á la vida cojo, que teniendo dos pies ser echado en la Gehenna, al fuego que no puede ser apagado; Donde el gusano de ellos no muere, y el fuego nunca se apaga. Y si tu ojo te fuere ocasión de caer, sácalo: mejor te es entrar al reino de Dios con un ojo, que teniendo dos ojos ser echado á la Gehenna; Donde el gusano de ellos no muere, y el fuego nunca se apaga. Porque todos serán salados con fuego, y todo sacrificio será salado con sal. Buena es la sal; mas si la sal fuere desabrida, ¿con qué la adobaréis? Tened en vosotros mismos sal; y tened paz los unos con los otros.
San Marcos 9:1-50 RVR09

Devocional día 16

Porque ninguna cosa será imposible para Dios. (Lucas 1:37 NBLH)

¿Qué es tu imposible?

En la vida tenemos cosas o situaciones que queremos cambiar. Cosas que nos quitan el gozo y la paz en muchas ocasiones. Talvez tu matrimonio se está derrumbando por causa de la otra persona y no vez cómo se arreglará.

Para otros lo imposible es una enfermedad que no se ha curado o que sigue apareciendo una y otra vez. Talvez es una adicción que tienes, el alcoholismo está rompiendo tus relaciones, las drogas, la adición sexual o la depresión.

Pero te tengo noticias, para Dios no hay nada imposible. Y algunos dirán "eso es para Dios no para mí". Si ese es tu pensar estás bien equivocado. Si confías en Dios y permaneces en Él, todo lo podrás en Cristo que te fortalece.

No es por tus fuerzas, pero es que Cristo vive en tí y si es así, el poder del Espíritu Santo que mora en tu interior puede romper TODA cadena que te ata. Ya el tiempo de llorar y deprimirte SE acabó, el tiempo de ceder a la tentación se acabó. Es tiempo de permanecer en Dios y dejar que Él rompa lo imposible de tu vida. ¡Él todo lo puede! Si lo dejas...

Día 17

Los ataques vendrán pero mayor es Él

Al enemigo no le gusta verte en victoria espiritual, tu gozo, tu paz y tu cercanía con Dios le molesta. Él está buscando el momento en que bajes la guardia para poder atacar.

Pero no hay porque temer si permanecemos en Jesús y en su Palabra. El Señor es escudo alrededor de nosotros, nuestra roca de salvación. En Él está la fuente de vida y la Paz que sobrepasa todo entendimiento.

Cuando los ataques espirituales vengan sólo repréndelos y declara la Palabra. Si los dardos del enemigo penetran es porque alguna puerta has abierto. En algo has desobedecido pero lo único que tienes que hacer es arrepentirte y dejar atrás el pecado.

Nada nos puede dañar mientras estemos en el redil. Pero el lobo está a fuera esperando para devorar al que se salga. El buen Pastor nos protege así que permanece en su presencia.

Oración para hoy

Señor y Padre, te doy las gracias por ser mi sustento y mi Pastor. En tu presencia estoy seguro y nada me dañará. Ayúdame a permanecer en tu redil y morar bajo la sombra de tus alas. En el nombre de Jesús. Amén.

Lectura Bíblica del día
Isaías 41:1-29

ESCUCHADME, islas, y esfuércense los pueblos; alléguense, y entonces hablen: estemos juntamente á juicio. ¿Quién despertó del oriente al justo, lo llamó para que le siguiese, entregó delante de él naciones, é hízolo enseñorear de reyes; entrególos á su espada como polvo, y á su arco como hojarascas arrebatadas? Siguiólos, pasó en paz por camino por donde sus pies nunca habían entrado. ¿Quién obró é hizo esto? ¿Quién llama las generaciones desde el principio? Yo Jehová, el primero, y yo mismo con los postreros. Las islas vieron, y tuvieron temor; los términos de la tierra se espantaron: congregáronse, y vinieron. Cada cual ayudó á su cercano; y á su hermano dijo: Esfuérzate. El carpintero animó al platero, y el que alisa con martillo al que batía en el yunque, diciendo: Buena está la soldadura; y afirmólo con clavos, porque no se moviese. Mas tú, Israel, siervo mío eres; tú, Jacob, á quien yo escogí, simiente de Abraham mi amigo. Porque te tomé de los extremos de la tierra, y de sus principales te llamé, y te dije: Mi siervo eres tú; te escogí, y no te deseché. No temas, que yo soy contigo; no desmayes, que yo soy tu Dios que te esfuerzo: siempre te ayudaré, siempre te sustentaré con la diestra de mi justicia. He aquí que todos los que se airan contra ti, serán avergonzados y confundidos: serán como nada y perecerán, los que contienden contigo. Los buscarás, y no los hallarás, los que tienen contienda contigo; serán como nada, y como cosa que no es, aquellos que te hacen guerra. Porque yo Jehová soy tu Dios, que te ase de tu mano derecha, y te dice: No temas, yo te ayudé. No temas, gusano de Jacob, oh vosotros los pocos de Israel;

yo te socorrí, dice Jehová, y tu Redentor el Santo de Israel.
He aquí que yo te he puesto por trillo, trillo nuevo, lleno de
dientes: trillarás montes y los molerás, y collados tornarás en
tamo. Los aventarás, y los llevará el viento, y esparcirálos el
torbellino. Tú empero te regocijarás en Jehová, te gloriarás en
el Santo de Israel. Los afligidos y menesterosos buscan las
aguas, que no hay; secóse de sed su lengua; yo Jehová los
oiré, yo el Dios de Israel no los desampararé. En los altos
abriré ríos, y fuentes en mitad de los llanos: tornaré el
desierto en estanques de aguas, y en manaderos de aguas la
tierra seca. Daré en el desierto cedros, espinos, arrayanes, y
olivas; pondré en la soledad hayas, olmos, y álamos
juntamente; Porque vean y conozcan, y adviertan y
entiendan todos, que la mano de Jehová hace esto, y que el
Santo de Israel lo crió. Alegad por vuestra causa, dice
Jehová: exhibid vuestros fundamentos, dice el Rey de Jacob.
Traigan, y anúnciennos lo que ha de venir: dígannos lo que
ha pasado desde el principio, y pondremos nuestro corazón
en ello; sepamos también su postrimería, y hacednos
entender lo que ha de venir. Dadnos nuevas de lo que ha de
ser después, para que sepamos que vosotros sois dioses; o á
lo menos haced bien, ó mal, para que tengamos qué contar, y
juntamente nos maravillemos. He aquí que vosotros sois de
nada, y vuestras obras de vanidad; abominación el que os
escogió. Del norte desperté uno, y vendrá; del nacimiento
del sol llamará en mi nombre: y hollará príncipes como lodo,
y como pisa el barro el alfarero. ¿Quién lo anunció desde el
principio, para que sepamos; ó de tiempo atrás, y diremos: Es
justo? Cierto, no hay quien anuncie, sí, no hay quien enseñe,
ciertamente no hay quien oiga vuestras palabras. Yo soy el
primero que he enseñado estas cosas á Sión, y á Jerusalem
daré un portador de alegres nuevas. Miré, y no había
ninguno; y pregunté de estas cosas, y ningún consejero hubo:
preguntéles, y no respondieron palabra. He aquí, todos

iniquidad, y las obras de ellos nada: viento y vanidad son sus vaciadizos.
Isaías 41:1-29 RVR09

Devocional día 17

Porque no tenemos un sumo sacerdote que no pueda compadecerse de nuestras flaquezas, sino uno que ha sido tentado en todo como nosotros, pero sin pecado.
(Hebreos 4:15 NBLH)

Él sabe lo que estás pasando

El Señor Jesús no es extraño a las tentaciones que enfrentas día a día. Él fue tentado en todo, es decir, cualquier tentación que puedas tener Él la tuvo pero nunca pecó.

El ser tentado no significa que nuestra vida espiritual este mal, todo lo contrario. Los que somos realmente cristianos, nacidos de nuevo y llenos del Espíritu Santo enfrentamos muchas tentaciones pues somos una amenaza al reino de las tinieblas.

Lo que hacemos con la tentación es lo que hace la diferencia. Si al ser tentado nos ponemos a pesar en eso y a razonar con la tentación probablemente caerás. Las tentaciones se reprenden con la Palabra inmediatamente que se presentan.

Podemos pecar con nuestra mente la cual es donde se da la guerra espiritual. No dejes que ningún pensamiento pecaminoso habite en tu mente porque son una puerta en la cual el enemigo puede entrar. Vence la tentación con la Palabra, Jesús nos enseñó cómo se hace.

Día 18

Como oír la voz de Dios

Dios habló cara a cara con Moisés, una experiencia que nadie más tuvo en esa manera. Pero aunque tal vez no experimentemos lo mismo, Dios nos sigue hablando hoy pero no nos damos cuenta.

Hay diferentes maneras en que Dios nos habla. La más común aunque no la única es a través de su Palabra. No sólo todo lo que necesitamos saber está escrito, sino en momentos específicos la Palabra que necesitamos se hace viva en nosotros.

Dios también habla a través de personas. Muchas veces el Señor usa personas para contestar nuestras oraciones. No sólo Dios puede usar a alguien para bendecirnos, suplir una necesidad material pero también hablándonos.

Dios habla a través de sus ministros. El Señor usa a pastor para hablar a su pueblo. No sólo al cuerpo en general sino a ti en específico. Pero cuidado con esos "profetas" que le gustan inventar cosas y le encantan decir "Dios me dijo"

Hay muchos ejemplos en los cuales Dios habla a sus hijos. No hay una sola manera en la cual Dios se comunica con nosotros, Él hace como él quiere. Sólo se persistente en la oración y esté atento pues de seguro la respuesta vendrá.

Oración para hoy

Señor, gracias por ser un Dios accesible y por darme acceso a tu presencia a través de la sangre de Jesús. Enséñame a escuchar tu voz y a discernir cuando una voz extraña trata de hablarme. En el nombre de Jesús. Amén.

Lectura Bíblica del día
Salmos 34:1-22

BENDECIRÉ a Jehová en todo tiempo; Su alabanza será siempre en mi boca. En Jehová se gloriará mi alma: Oiránlo los mansos, y se alegrarán. Engrandeced á Jehová conmigo, Y ensalcemos su nombre á una. Busqué á Jehová, y él me oyó, Y libróme de todos mis temores. A él miraron y fueron alumbrados: Y sus rostros no se avergonzaron. Este pobre clamó, y oyóle Jehová, Y librólo de todas sus angustias. El ángel de Jehová acampa en derredor de los que le temen, Y los defiende. Gustad, y ved que es bueno Jehová: Dichoso el hombre que confiará en él. Temed á Jehová, vosotros sus santos; Porque no hay falta para los que le temen. Los leoncillos necesitaron, y tuvieron hambre; Pero los que buscan á Jehová, no tendrán falta de ningún bien. Venid, hijos, oidme; El temor de Jehová os enseñaré. ¿Quién es el hombre que desea vida, Que codicia días para ver bien? Guarda tu lengua de mal, Y tus labios de hablar engaño. Apártate del mal, y haz el bien; Busca la paz, y síguela. Los ojos de Jehová están sobre los justos, Y atentos sus oídos al clamor de ellos. La ira de Jehová contra los que mal hacen, Para cortar de la tierra la memoria de ellos. Clamaron los justos, y Jehová oyó, Y librólos de todas sus angustias. Cercano está Jehová á los quebrantados de corazón; Y salvará á los contritos de espíritu. Muchos son los males del justo; Mas de todos ellos lo librará Jehová. El guarda todos sus huesos; Ni uno de ellos será quebrantado. Matará al malo la maldad; Y los que aborrecen al justo serán asolados. Jehová redime el alma de sus siervos; Y no serán asolados cuantos en él confían.
Salmos 34:1-22 RVR09

Devocional día 18

Si confesamos nuestros pecados, Él es fiel y justo para perdonarnos los pecados y para limpiarnos de toda maldad.
(1 Juan 1:9 NBLH)

No escondas tus pecados

¿Quién puede ocultar algo a Dios? El Señor sabe todo lo que hacemos no importando quien más lo ve. No importa lo que hicimos en nuestro cuarto, o lo que echamos en el bolso cuando nadie está viendo. Dios todo lo ve.

Él ya sabe nuestros pecados pero tenemos que confesarlos delante de Dios para que los perdone. Es algo que deberíamos de hacer a diario, confesar nuestros pecados.

No es necesario ir a donde el ministro y confesarle todo lo que hemos hecho pero si en algunas instancias nos ayudará a romper cadenas que nos atan cuando buscamos consejería pastoral.

Pero Dios está dispuesto a perdonar nuestros pecados y limpiarnos de toda maldad. Lo único que tenemos que hacer es confesar lo que Él ya sabe. ¿No es fácil? Él ya lo sabe.

Día 19

Llénate de las cosas de Dios

Faltan dos días para terminar el ayuno y tenemos que llenarnos más del Señor. Durante estos 19 días has leído la Palabra todos los días lo que para muchos nunca han hecho antes. Has escuchado sólo música cristiana durante estos días.

También en este ayuno has orado y leído devocionales a diario. Has aprendido a meditar en la Palabra de Dios y a dejar la condenación y la culpa atrás. Te has llenado de Dios más que antes durante tu caminar.

Sé que lo que has hecho por el Señor ha cambiado tu vida y tu crecimiento espiritual. Lo mismo que Dios ha hecho conmigo lo hace contigo. ¿Qué más le puedes dar al Señor? ¿Qué es lo próximo que haremos para llenarnos de Jesús?

Tal vez el Señor te pida que dejes cosas que te alejan de Él. Quizás es el momento de dejar de ver los programas de televisión que no honran a Dios. Quizás esas amistades que lo único que hacen es tentarte a volver atrás, se tienen que ir.

Ahora es el momento de incrementar tu relación con Dios. Es tiempo de pararte firme en tu casa y declarar que tu casa servirá al Señor. El ayuno casi se acaba pero tu relación con Dios tiene que ser más fuerte que antes. El ayuno rompe con tus deseos carnales y saca de ti toda inmoralidad. Llénate de Dios para que no haya cabida a los deseos pecaminosos.

Llénate de Dios.

Oración para hoy

Padre amado, te doy gracias por lo que me has mostrado y lo que me has enseñado. Hoy estoy cerca de ti y mañana quiero estar más cerca. Quiero llenarme más de ti y tu Palabra, ayúdame Señor. En el nombre de Jesús. Amén.

Lectura Bíblica del día
Juan 2:1-25

Y AL tercer día hiciéronse unas bodas en Caná de Galilea; y estaba allí la madre de Jesús. Y fué también llamado Jesús y sus discípulos á las bodas. Y faltando el vino, la madre de Jesús le dijo: Vino no tienen. Y dícele Jesús: ¿Qué tengo yo contigo, mujer? aun no ha venido mi hora. Su madre dice á los que servían: Haced todo lo que os dijere. Y estaban allí seis tinajuelas de piedra para agua, conforme á la purificación de los Judíos, que cabían en cada una dos ó tres cántaros. Díceles Jesús: Henchid estas tinajuelas de agua. E hinchiéronlas hasta arriba. Y díceles: Sacad ahora, y presentad al maestresala. Y presentáron le. Y como el maestresala gustó el agua hecha vino, que no sabía de dónde era (mas lo sabían los sirvientes que habían sacado el agua), el maestresala llama al esposo, Y dícele: Todo hombre pone primero el buen vino, y cuando están satisfechos, entonces lo que es peor; mas tú has guardado el buen vino hasta ahora. Este principio de señales hizo Jesús en Caná de Galilea, y manifestó su gloria; y sus discípulos creyeron en él. Después de esto descendió á Capernaun, él, y su madre, y hermanos, y discípulos; y estuvieron allí no muchos días. Y estaba cerca la Pascua de los Judíos; y subió Jesús á Jerusalem. Y halló en el templo á los que vendían bueyes, y ovejas, y palomas, y á los cambiadores sentados. Y hecho un azote de cuerdas, echólos á todos del templo, y las ovejas, y los bueyes; y derramó los dineros de los cambiadores, y trastornó las mesas; Y á los que vendían las palomas, dijo: Quitad de aquí esto, y no hagáis la casa de mi Padre casa de mercado. Entonces se acordaron sus discípulos que está escrito: El celo de tu casa

me comió. Y los Judíos resp-ondieron, y dijéronle: ¿Qué señal nos muestras de que haces esto? Respondió Jesús, y díjoles: Destruid este templo, y en tres días lo levantaré. Dijeron luego los Judíos: En cuarenta y seis años fue este templo edificado, ¿y tú en tres días lo levantarás? Mas él hablaba del templo de su cuerpo. Por tanto, cuando resucitó de los muertos, sus discípulos se acordaron que había dicho esto; y creyeron á la Escritura, y á la palabra que Jesús había dicho. Y estando en Jerusalem en la Pascua, en el día de la fiesta, muchos creyeron en su nombre, viendo las señales que hacía. Mas el mismo Jesús no se confiaba á sí mismo de ellos, porque él conocía á todos, Y no tenía necesidad que alguien le diese testimonio del hombre; porque él sabía lo que había en el hombre.
San Juan 2:1-25 RVR09

Devocional día 19

Porque mejor es un día en tus atrios que mil fuera de ellos. Prefiero estar en el umbral de la casa de mi Dios que morar en las tiendas de impiedad.
(Salmos 84:10 NBLH)

No hay mejor lugar

Cuando aprendemos a morar en la presencia de Dios entendemos que no hay otro lugar mejor. El lugar donde nos sentimos tan cerca de Él que casi lo podemos tocar.

Pero no es que viajamos en lo espiritual hacia donde Dios está porque Él mora en nosotros a través del Espíritu Santo. Pero al estar a solas con Él en oración y adoración, la presencia se hace más real y palpable.

No hay lugar en este mundo mejor que estar en Él. Ninguna actividad que este mundo ofrece se compara, y la mayoría de las personas escogen actividades que llevan a perdición y no a edificación.

"Todo me es lícito pero no todo me conviene" dijo el apóstol Pablo. Nadie te puede decir que hacer o a donde ir pero si los lugares que frecuentas te alejan de Dios, ¿por qué frecuentarlos? Escoge lo que es mejor.

Día 20

Sigue orando

La oración es una parte importante de nuestra relación con Dios, quizás la más importante. En una relación es vital que las dos partes mantengan comunicación honesta y abierta.

No trates de esconder cosas que hiciste en el pasado ni lo que estás pensando que no es de Dios. Confiésalo todo delante de tu Padre celestial y Él te perdonará todo.

Ahora, Dios quiere oír de tus labios todo lo que hay en tu corazón y en tu mente pero también quiere que lo escuches a Él. En eso fallamos mucho. Hablamos y hablamos, pedimos, nos quejamos y clamamos pero no queremos o no sabemos escuchar.

Toma tiempo hoy para escuchar la voz de Dios. Durante tu tiempo a solas con Dios, permanece en silencio y escucha. Quizás te hable en tu corazón o en la Palabra, quizás a través de devocionales pero Él siempre te responderá.

Oración para hoy

Padre celestial, gracias por darme la bendición de comunicarme contigo. Quiero escuchar tu voz y conocer tu voluntad. Ayúdame a acercarme más a ti. En el nombre de Jesús. Amén.

Lectura Bíblica del día
Mateo 28:1-20

Y LA víspera de sábado, que amanece para el primer día de la
semana, vino María Magdalena, y la otra María, á ver el
sepulcro. Y he aquí, fué hecho un gran terremoto: porque el
ángel del Señor, descendiendo del cielo y llegando, había
revuelto la piedra, y estaba sentado sobre ella. Y su aspecto
era como un relámpago, y su vestido blanco como la nieve.
Y de miedo de él los guardas se asombraron, y fueron vueltos
como muertos. Y respondiendo el ángel, dijo á las mujeres:
No temáis vosotras; porque yo sé que buscáis á Jesús, que fué
crucificado. No está aquí; porque ha resucitado, como dijo.
Venid, ved el lugar donde fué puesto el Señor. E id presto,
decid á sus discípulos que ha resucitado de los muertos: y he
aquí va delante de vosotros á Galilea; allí le veréis; he aquí, os
lo he dicho. Entonces ellas, saliendo del sepulcro con temor
y gran gozo, fueron corriendo á dar las nuevas á sus
discípulos. Y mientras iban á dar las nuevas á sus discípulos,
He aquí, Jesús les sale al encuentro, diciendo: Salve. Y ellas se
llegaron y abrazaron sus pies, y le adoraron. Entonces Jesús
les dice: No temáis: id, dad las nuevas á mis hermanos, para
que vayan á Galilea, y allí me verán. Y yendo ellas, he aquí
unos de la guardia vinieron á la ciudad, y dieron aviso á los
príncipes de los sacerdotes de todas las cosas que habían
acontecido. Y juntados con los ancianos, y habido consejo,
dieron mucho dinero á los soldados, Diciendo: Decid: Sus
discípulos vinieron de noche, y le hurtaron, durmiendo
nosotros. Y si esto fuere oído del presidente, nosotros le
persuadiremos, y os haremos seguros. Y ellos, tomando el
dinero, hicieron como estaban instruídos: y este dicho fué

divulgado entre los Judíos hasta el día de hoy. Mas los once discípulos se fueron á Galilea, al monte donde Jesús les había ordenado. Y como le vieron, le adoraron: mas algunos dudaban. Y llegando Jesús, les habló, diciendo: Toda potestad me es dada en el cielo y en la tierra. Por tanto, id, y doctrinad á todos los Gentiles, bautizándolos en el nombre del Padre, y del Hijo, y del Espíritu Santo: Enseñándoles que guarden todas las cosas que os he mandado: y he aquí, yo estoy con vosotros todos los días, hasta el fin del mundo. Amén.

San Mateo 28:1-20 RVR09

Devocional día 20

Y El le dijo: AMARAS AL SEÑOR TU DIOS CON TODO TU CORAZON, Y CON TODA TU ALMA, Y CON TODA TU MENTE. (Mateo 22:37 NBLH)

Ámalo con todo

El Señor nos pone como primer mandamiento amarlo a Él. No solo gustarte, sino amarlo con toda tu mente, con todo tu corazón y con todas tus fuerzas.

No es suficiente con dedicarle una hora cada domingo y olvidarse de Él el resto del tiempo. Hay mucha gente que dicen que aman a Dios pero no lo hacen parte de su vida.

Todo lo que hacemos en este ayuno son cosas que deberíamos estar haciendo de todos modos. Úsalo como una recarga espiritual y continúa buscando a Dios con todas tus fuerzas.

Lo importante de ese primer mandamiento es que si realmente llegamos a amar a Dios como Él no los pide, podremos llevar los otros 9 mandamientos. Pídele a Dios que a través del Espíritu Santo, te ayude a amarlo como Él quiere que lo ames.

Día 21

La respuesta está cerca

Hoy se cumple el último día de éste ayuno de 21 días. Mirando hacia atrás parecería bien difícil comenzar pero ahora que has llegado a la meta parece que puedes seguir 10 días más. Pero eso no fue lo que Dios te llamó a hacer.

Hoy medita en lo que has aprendido durante estas tres semanas. Piensa en cómo estaba tu vida espiritual antes de comenzar, en lo que no hacías y ahora es parte de tu rutina. Piensa en las veces (si aplica) que fallaste durante el ayuno, ya sea comiendo, no orando o meditando en la Palabra.

Comienza a pensar qué harías diferente la próxima vez para mantenerte completamente concentrado en Dios. También toma tiempo hoy para planificar lo que harás de mañana en adelante.

Cuando rompas el ayuno esta tarde, dale gracias a Dios por ser tú sustento y tu ayudador. Ora por tu familia, amistades, tus pastores y por todos los que con un corazón sincero buscan agradar a Dios. Ora por mí.

Ahora que terminamos este ayuno juntos, te ánimo a continuar el "ayuno pero comiendo". ¿Qué significa eso? Que comas pero todo lo demás que hiciste durante el ayuno lo sigas haciendo todos los días. Sigue orando de mañana y de noche, sigue escuchando sólo música cristiana, sigue leyendo la Palabra a diario, meditando en la Palabra, crea tus propios devocionales y compártelos con otros, alaba y adora al Señor con cánticos.

Mi oración es que cada uno de ustedes viva una vida de victoria en la guerra espiritual. Que venzan los ataques del enemigo y de nuestra propia carne que se dan en nuestra mente y en nuestro corazón. Que seas lleno con la llenura de Dios y que de tu interior corran ríos de agua vivas.

Y que el Señor te bendiga
Que el Señor te guarde
Que el Señor haga su rostro resplandecer sobre
ti y tenga misericordia de ti
Que el Señor vire su rostro hacia ti
Y te dé (Shalom) paz, gracia, favor y la plenitud de Dios. En el nombre de Jesús. Amén.

Oración para hoy

Mi amado Padre, gracias te doy por ser mi pan, mi paz y mi fortaleza durante este ayuno. Hoy estoy más cerca de ti que ayer y mañana quiero estar aún más cerca. Ayúdame a caminar contigo y vivir para ti. Te pido que me vistas con toda la armadura de Dios y me guíes por donde quieras que yo vaya. Te amo mucho más que ayer. En el nombre de Jesús. Amén.

Lectura Bíblica del día
Apocalipsis 22:1-21

DESPUÉS me mostró un río limpio de agua de vida, resplandeciente como cristal, que salía del trono de Dios y del Cordero. En el medio de la plaza de ella, y de la una y de

la otra parte del río, estaba el árbol de vida, que lleva doce frutos, dando cada mes su fruto: y las hojas del árbol eran para la sanidad de las naciones. Y no habrá más maldición; sino que el trono de Dios y del Cordero estará en ella, y sus siervos le servirán. Y verán su cara; y su nombre estará en sus frentes. Y allí no habrá más noche; y no tienen necesidad de lumbre de antorcha, ni de lumbre de sol: porque el Señor Dios los alumbrará: y reinarán para siempre jamás. Y me dijo: Estas palabras son fieles y verdaderas. Y el Señor Dios de los santos profetas ha enviado su ángel, para mostrar á sus siervos las cosas que es necesario que sean hechas presto. Y he aquí, vengo presto. Bienaventurado el que guarda las palabras de la profecía de este libro. Yo Juan soy el que ha oído y visto estas cosas. Y después que hube oído y visto, me postré para adorar delante de los pies del ángel que me mostraba estas cosas. Y él me dijo: Mira que no lo hagas: porque yo soy siervo contigo, y con tus hermanos los profetas, y con los que guardan las palabras de este libro. Adora á Dios. Y me dijo: No selles las palabras de la profecía de este libro; porque el tiempo está cerca. El que es injusto, sea injusto todavía: y el que es sucio, ensúciese todavía: y el que es justo, sea todavía justificado: y el santo sea santificado todavía. Y he aquí, yo vengo presto, y mi galardón conmigo, para recompensar á cada uno según fuere su obra. Yo soy Alpha y Omega, principio y fin, el primero y el postrero. Bienaventurados los que guardan sus mandamientos, para que su potencia sea en el árbol de la vida, y que entren por las puertas en la ciudad. Mas los perros estarán fuera, y los hechiceros, y los disolutos, y los homicidas, y los idólatras, y cualquiera que ama y hace mentira. Yo Jesús he enviado mi ángel para daros testimonio de estas cosas en las iglesias. Yo soy la raíz y el linaje de David, la estrella resplandeciente, y de la mañana. Y el Espíritu y la Esposa dicen: Ven. Y el que oye, diga: Ven. Y el que tiene sed, venga: y el que quiere, tome del agua de la vida de balde. Porque yo protesto á cualquiera que oye las palabras de la profecía de este libro: Si alguno añadiere á estas cosas, Dios pondrá sobre él las plagas que están escritas en este libro. Y si alguno quitare de las palabras del libro de esta profecía, Dios quitará su parte del libro de la vida, y de la santa ciudad, y de las cosas que están escritas en este libro. El que da testimonio de estas cosas, dice: Ciertamente, vengo en breve. Amén, sea así. Ven: Señor Jesús. La gracia de nuestro Señor Jesucristo sea con todos vosotros. Amén. *Apocalipsis 22:1-21 RVR09*

Devocional día 21

Yo te haré saber y te enseñaré el camino en que debes andar; te aconsejaré con mis ojos puestos en ti.
(Salmos 32:8 NBLH)

El cuida de ti

El Señor no nos creó y nos puso en este mundo sólo para abandonarnos y dejarnos perdidos en este mundo. Sería imposible de encontrar el camino en que debemos andar si lo tenemos que encontrar por nosotros mismos.

Nuestro Dios nos enseña el camino en que debemos andar para que no nos perdamos. Y más que eso, Él envío a su hijo unigénito para que por ejemplo nos enseñe.

No sólo eso, Él es tan bueno y nos ama tanto que también tiene sus ojos puestos en nosotros para que cuando tomemos el camino incorrecto, podamos volver. Que Dios tan bueno, no solo nos habla y nos guía, Él también nos acompaña a través de su Espíritu Santo.

ACERCA DEL AUTOR

El Pastor Israel Hernández lleva más de quince años sirviendo al Señor en diferentes facetas. Predicador en varias iglesias en Puerto Rico y Estados Unidos, en español asi como en inglés. También sirvió como Consejero Pastoral, en el Ministerio de Sanidad y Evangelismo en su iglesia hogar. También predicó en varias instituciones e iglesias en su amada isla de Puerto Rico. Actualmente trabaja en el Ministerio Conociendo a Jesús en el estado de Michigan, EU.

También es autor del libro Guerra Espiritual, Cómo ser salvos entre otros.

Contacto: contacto@mcajesus.com
734-883-5823

Israel Hernández

Made in the USA
Middletown, DE
26 December 2018